中部大学中部高等学術研究所 編

変容する現代の大学教育を考える

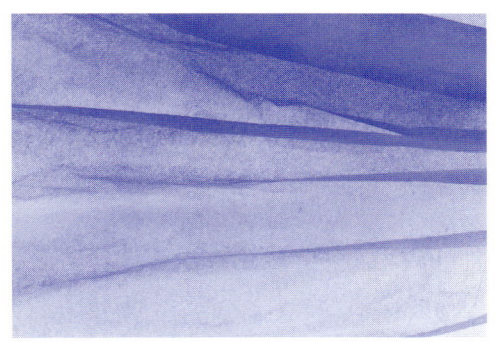

学問の再構築を目指して

［目次］

新しい学問への飛翔 ── 序にかえて　飯吉厚夫 ── 4

第Ⅰ部 ── 現代の状況を探る
第1章　存在の危機をめぐる序章
　　　　── 21世紀の知のあり方を考える　井上輝夫 ── 9

第Ⅱ部 ── 環境とサステナビリティを考える
第2章　将来世代へ優しい社会・環境を　笠原三紀夫 ── 41
第3章　持続可能性に向けた技術開発と技術融合　鵜野公郎 ── 65

第Ⅲ部 ── 高等教育の状況を考える
第4章　学部教育が直面する問題と対応策　小野桂之介 ── 86
第5章　生命医科学教育のアウトカムズ　伊藤康彦 ── 111
第6章　工学分野における人材育成 ── 大学の役割　稲崎一郎 ── 135
第7章　これからの大学教育を考える
　　　　── 40年の教員生活からの感想　野口 忠 ── 160

あとがき ── 185

中部高等学術研究所共同研究会　開催記録一覧 ── 186

執筆者略歴 ── 189

新しい学問への飛翔 —— 序にかえて

飯吉厚夫

　21世紀を迎えて新しい学問の構築が強く求められていると感じている。何故なのか、それを総合大学としての中部大学で皆と考えてみたいというのが今回の主旨である。

　今地球上で（毎日のように）起こっている人々を不安にする大きな出来事は、民族対立、地球環境問題、核拡散、金融危機、エネルギー問題など、挙げればきりがない。

　我が国に限って言えば、政治不安定、経済不況、少子高齢化、モラル低下など、国民は閉塞感を感じている。

　既に今から50年前に、日本初のノーベル賞物理学者 湯川秀樹は、「現代というのは、地球上のすべての人々が考え方を変えなければならない時期に来ているのです」と警鐘を鳴らしている。これがいよいよ現実味を帯びてきたと言えよう。湯川の言っている「地球上のすべての人々が考えを変える」とは、歴史上で判りやすい例で言えば、コペルニクス的転回を想い出してもらえばよい。

　15世紀〜16世紀のコペルニクスによる、それまでの天動説から地動説への大きな転回は、その後の人々の意識を大きく変えるものであり、やがて17世紀ニュートンの万有引力の発見につながり、人類は近代科学技術時代へと大きく舵をきることになったことは周知の通りである。

　その後19世紀〜20世紀は、科学技術が大きく発展した時代であり、特に最近のIT革命に加速されて、20世紀末には科学技術の「光と影」の影の部分が大きく顕在化して、いまや地球上は暗雲に覆われている。表現を変えると、現在は一種の袋小路に近づきつつあり、その結果が先に述べた政治、経済、教育など、あらゆる分野に見られる困窮状態の背景にあると考える。

　以上のような現状分析は、あまりにも現代社会を単純化していると思わ

れるが、時勢の本質を大きく外れていないと思う。
　然らば、科学技術の進歩がもたらした最大の問題は、何に起因するか。それは、本来人間が考え出した科学技術が人間の欲望のため適切なコントロールを踏み外して暴走しはじめたことによる。何よりも、本来人間は、自然の一部であり、自然に生かされているにも拘らず、あたかも自然をコントロール出来るかの錯覚に陥ったことに多くの原因があるのではないか。地球は、宇宙の中の「一粒のケシの実」であると言われているように、有限な存在であるにも拘らず、何でも出来ると思い上ったことにあるとも言えよう。
　ここで、今我々に求められているのは、私達の考えを変えること、すなわち意識の転換であるが、そのための基軸をどこに求めればよいのか。
　私は、歴史上の大転換期にそうであったように、「自然に帰る（back to nature）」ことであると考える。
　「自然に帰る」とは、文字通り人間の古里である自然に戻り、自然の未踏の奥深さをもっと知り、感じ、味わうことから多くを学ぶことである。自然は、何十億年という長い歴史をもっているが、人類の歴史は何十万年という短いもので、最近になって参加したに過ぎない。
　湯川秀樹は、「天地の美を原（たず）ねて、万物の理に達す」という荘子の言葉をよく引用した。
　ノーベル化学賞の福井謙一は、「微妙にして美しい自然の奥深いところに合理性がある。その合理性は、長い年月の間に自ら試行錯誤の法によるという類稀なる原理によって生じたのである」
　小林秀雄は、「人間精神は、絶対自然と常に照応するという一つの座標をもっていればよい」
　脳生理学者 岡田安弘は、「21世紀に向けた医学は従来の治療医学のうえに、自然の中に生きる生物としての人間のあり方を考える医学でなければならない」
　いずれも、我が国の賢人達の言である。使われている自然の意味するところに若干のニュアンスの違いはあるが、人間は自然を超えることは出来ないという真実と謙虚さを大切にする心は共通している。

更に、歴史はギリシャ時代の古くから多くの天才や賢人達が自然の美しさ、雄大さ、奥深さ、複雑さの中から新しい創造を生み出し、時代の人々に新しい意識を与え、新たな希望を与えてきたことを示している。

　自然は無限であり、その中から我々人間がいかなる新しい合理性を見つけ出して人間の考え方を変えることが出来るかは、現代の我々に問われていることである。自然の持続性を考えると、新しい考え方は持続可能性（sustainability）を大切にする内容となるに違いない。その流れの中で、我々大学人が未来へ生きる若者達への指針となる新しい学問の構築に向けて最大限の努力と思索を続けることは、我々大学人の喫緊の課題である。

　もし、その困難な、しかし創造的な仕事を中部大学から発信することが出来れば、教育者、研究者として未来への義務を果たすことが出来るのではないか。賢明なる研究会メンバーに御理解をいただき御協力いただきたい。

追記

　去る 2011 年 3 月 11 日に東日本大震災が発生した。これも科学技術が自然をコントロール出来るかのような錯覚に陥っていたことを示している。特に、世界で最も災害の起こりやすい国としての自覚が科学技術の影に隠れてしまったとしか考えられない。自然の一部であり自然と共に生きるという我が国の伝統的な生き方を再度思い出すことを肝に銘ずることから再出発することが大切である。

第Ⅰ部
現代の状況を探る

第Ⅰ部は、総論ともいうべく、井上輝夫氏が、デカルト以来の科学技術の発達を俯瞰し、現代社会の状況と病理をえぐろうとしている。その歴史的展望によって、いわば現代の文明の状況ともいうべき変容の様子がいきいきと描かれている。

　まず、現代の宇宙観を概括し、われわれ人間がいかに宇宙の中で小さな存在であるかを指摘する。天動説から論を起こして、アポロによる青い球体としての地球の姿を述べ、さらに最近の宇宙の生成にまで議論は及ぶ。

　次いで、近代の終焉が論じられている。産業革命以来の西欧社会が建設してきた価値序列の崩壊が指摘され、その要素として、「西欧の地政学的な地位の低下、西欧内部からの近代イデオロギーへの批判、情報コミュニケーション技術の爆発的な発達とそれにともなうグローバリゼーションと新しい大衆の台頭と数の論理」が論じられている。

　さらに、このような状況に至った科学技術の発達と、それが社会へ及ぼしている影響が論じられ、「科学的成果をどう考えるのかという、哲学的、文化的なクライテリアは何であるか」を問うに至っている。

　最後に、この危機を乗り越える一つの方法として「自然、歴史、言葉への回帰」が論じられ、新しい「知」のあり方が提示されている。

第1章
存在の危機をめぐる序章
―― 21 世紀の知のあり方を考える

井上輝夫

1. はじめに

　アポロ 11 号宇宙船が月からみる「地球の出」を撮影した映像は画期的であった。なぜなら、人類は史上はじめて地球という宇宙空間にうかぶ青い球体にまぎれもなく乗っているという現実を地球外から視覚的に確認したからだった。地球が球体ではないかという予想は、水平線のかなたにじょじょに帆柱から先に帆船が現れたり、あるいは帆柱を最後に消えてゆくことから経験的に推測されていた。やがてこのことは羅針盤の発明によってひらかれた大航海時代の世界一周によって確かめられることとなった。
　歴史的にみると、古代のプトレマイオス／アリストテレスの天動説をひきついだ中世の神学的な宇宙観は、地球の空気の層のうえにエーテルがあり、天使たちがすむ天界によって覆われているという、いまからみればまことに可愛らしいものだった。日常の暮しのレベルで言えば、それは魔術的世界観であり、人間の情緒に深く結びついていたものだった。けれども、よく知られているように 16 世紀以来のコペルニクスやケプラー、そしてガ

リレオ・ガリレイの観察や『星界の報告』をへて地球が他の星とおなじく太陽の周りをまわる球体であることを知ることになった。天動説から地動説への大転換であった。

しかし、人類が地球とよぶ球体全体を外から一望するにはアポロ宇宙船の写真までまたねばならなかった。その写真によって、はじめて地球が宇宙の暗闇に青く浮かぶまぎれもない一つの星であることをわたしたちは確認した。そして、この暗い宇宙に浮かぶ青く美しい地球のイメージは人間存在のあり方についてあらためて問いなおすきっかけとなったのではないだろうか。わたしたちはまぎれもなく宇宙船地球号の乗組員（テラノート）なのだと。

そして、この今や常識となった宇宙認識をもたらしたものはここ数世紀にわたる天文学、科学／工学の驚異的な成果である。もはや天文学は精密科学になったとさえ言われているほどである。まさに数百年にわたる近代科学革命の成果が世界やわたしたちの存在のあり方から幻想を取りのぞき（dis-cover）、その物理的な真実の姿を示したのであった。

今日の天文学では、果てしもなく加速度的に膨張しつづける宇宙とよばれる空間に、直径10万光年の天の川銀河があり、その外れの回転する腕のなかに太陽系があり、さらに一惑星としてわたしたちの小さな地球が存在しているという。その上、わたしたちが夜空にみあげる星の光のなかには何10億光年という距離を旅して地球に到達したものもあって、ひと言でいえば、夜空は過去の星の光で飾られている。こうした途方もない宇宙のひとすみに生きる人間は「無限大と無限小とのあいだの中間者」（B. パスカル）であることをあらためて知ることになった。奇蹟的な地球、そしてそこに誕生した生命というものへの驚きと同時に、孤独な球体の住人は、それもほとんどカビにさえも当たらない微細な住人は、そもそもなぜここにいるのか、なぜ生きるのか、という切実な実存的な問いにあらためて直面することになったと言えるのではないだろうか。

なぜなら個体としての人間はこの137億年という宇宙の歴史のなかで、ほんの一瞬、意識をもった生命体として生きるだけである。パスカルは、人間は自分が自然界ではか弱い「考える葦」でしかないことを自覚している

が故に偉大である、という名言を残したが、今またそれを再びくり返すことができるだろうか。いや宇宙年齢というほとんど想像を絶する時間のなかでは、天の川銀河も遠い将来アンドロメダ星雲と衝突すると予言され、いつか太陽の燃えつきる最後の火炎のなかでこの青い星も滅びてゆくと天文学は予言する。そんな天文学的な時間を待たずとも、おそらく人の営々とつくり出した都市も文化も、美しい自然もすべて宇宙の生々流転のなかで消滅する。あなたの生存の証も、あなたの貴重な恋も、あなたの死さえもすべて消滅する。わたしたちが歌うことができるのは白鳥の歌だけなのだろうか？　それならば一体、わたしたちはなぜ何事かをなそうと努力するのか、努力するに値する意味はどこにあるのか、一切がむなしい業でしかないのではないか、わたしたちは生物学者ジャック・モノーが言うように神のいない世界で偶然に翻弄される存在にすぎないのだろうか？

　まさにアポロ宇宙船の写真は、わたしたちに大きな驚きと同時に、あまりにも超越的で背負いきれない究極の問いをわたしたちに投げかけたとも言える。わたしたちが真理探究の議論をかさねようと、その背後にはあたかも古代信仰の世界のように究極の消滅、無が存在することをはっきりと意識するきっかけになった。「無限を考えることは悪だ」とある古代ギリシャの賢明な哲学者は言ったという。にもかかわらずわたしたちの知的な好奇心はとどまることをしらない。そのことで得られた知識がどれほどわたしたちを超越する真理であり、わたしたちの存在の矮小さを明らかにするものであっても、人は問いかけてきた。

　そして今、わたしたち人間はふたたび P. ゴーギャンの「わたしたちはどこから来たのか？　何者であるのか？　どこへ行くのか？」という問いを噛みしめてみなければならない時にあるようだ。今ひとたび知識をこえるある叡智を求めて知の再編成を試みなければならない歴史的な地点に至ったのではないだろうか。

2．近代の終焉

　他方、わたしたちが現に生きている日本や先進社会の現実に目を移すと、

第1章 存在の危機をめぐる序章

あらゆる分野でおこっているさまざまな変容は、近年のグローバリゼーションも加わって、わたしたちがあきらかに大きな歴史的な転換期に立っているという印象を与える。これは、ポストモダン、あるいはポストインダストリアルといわれる産業革命以来の大きな歴史的変化の前触れなのか、あるいはすでに始まっている「第三の波」（A.トフラー）なのだろうか。

こうした変化はとりわけ「先進」文明国では顕著であるように思われる。先進諸国はすでに基本的な近代化を成しとげており、むしろその次の局面のあたらしい諸問題、たとえば環境問題、持続可能性などに直面しているからである。

そして、この大きな変化はひとことで言えば、すでに指摘されてきたように「近代の終焉」というキーワードに含まれる複合的な要素が引き金になっていると思われる。この変化は西欧文明を直接引きついだ欧米社会のみならず、日本のような元来東アジア圏に属する社会においても出現している現象でもある。これらのごく日常的な変化をすこし素描してみよう。

この数世紀にわたって、産業革命をへて西欧社会は内部矛盾をはらみながらも知の世界や生活様式にははっきりした価値の序列があったのではないだろうか。産業社会がもたらしたものは人間の平均化や機械論的な組織であったが、人々の道徳については、たとえ今日、批判の対象となった封建的な遺制やブルジョワ階級の偽善的な道徳であったとしても、支配階層の価値が市民生活の振るまいのモデルとして機能したのは確かなように思われる。このような階層性は西欧においては第一次世界大戦を通過することによって弱体化したものの、すくなくとも第二次世界大戦以前のたとえば日本における武士道（これは明治以降国民的なアイデンティティになった）のように、いわば支配階級のつくりだしたイデオロギーや生活様式は模倣されるべきモデルだったのである。今日ではこうした近代社会の勃興にともなうナショナリズム、資本主義とブルジョワ階級の行動様式、家父長的な家族制度、ジェンダー問題、国民を再生産する教育装置などが批判されているが、ある意味では人々は道徳的な価値や日常のマナーを漠然とではあっても一様に意識していたのだと思われる。

しかし、20世紀の後半とりわけ60年代に入って、あたらしいタイプの変

化が知の世界や人々の意識のなかに生まれ始めた。これは価値の中心であった西欧文明／文化が一挙に溶解しはじめ、相対化され、思想から文化現象にいたるまですべてが貴賎なく並存してゆくといったとうとうたる平準化の流れである。たとえていえばそれまで最高の音楽芸術のモデルであったバッハ以来の西欧古典音楽と並存して、今日ではあらゆる種類の音楽が提供され、なにを選び、なにに価値を置くのかということはたんに個人の趣味になった。まるで西欧古典音楽も民族音楽のひとつでしかなくなったかのようだ。そうした「高尚」とおもわれていた文化や行動様式が崩れ、あるいは精神的権威からオーラが失われ、すべてが平準化されてゆく動きはもはや特定の社会階層に起こっていることではなく、流行のファッションにいたるまであらゆる分野で急速にひろがってきた。これは政治的権力の分配、個人の自由の分配といったアメリカ的な消費社会とデモクラシーの到来に大きな原因があり、新しい大衆の台頭という現象でもあろう。

　それでは、こうした現象はどうしておこったか。私見では以下の3点に大きな変化の原因はあると思われる。

1）西欧の地政学的（geopolitical）な地位の低下（アメリカは除く）。
2）西欧内部からの近代イデオロギーへの批判。
3）情報コミュニケーション技術（ICT）の爆発的な発達とそれにともなうグローバリゼーションと新しい大衆（demos）の台頭と数の論理。

以上の3点をすこし記してみよう。
1）ヨーロッパの第二次世界大戦以降の地政学的な地位の低下はもはや言うまでもないであろう。戦争が帝国を衰弱させてゆくという歴史は文明の中心であった近代ヨーロッパでもくり返された。今日、ヨーロッパの一国ではなく、統合されてゆくヨーロッパ連合（EU）の影響力は国際政治のうえでけっして小さくはないが、もはや世界全体をうごかすだけの先導的な駆動力をもっているようには見えない。
　経済的にみても、今の時点（2011年）でいえば、各国のGDP比較で世

界トップ3位までにヨーロッパ諸国は入っていない。そして、この3位までの国々、米国、中国、日本が太平洋をはさんで位置していることを考えると、経済のもっとも活発な中心が東に移行したことはもはや疑うわけにゆかない。そして、この傾向はさらにインドや東南アジアを加えると21世紀中葉には決定的になると思われる。つまりヨーロッパのもつ影響力がもはやかつての輝きと広がりを失ったこと、そして唯一の帝国としてアメリカ合衆国の政治／経済／文化がそれにとって代わったことであろう。

2）近代を創造した西欧の理念の中心にはヒューマニズムがあった。ここでいうヒューマニズムとは、他人にたいして「人間愛」をもって接するべしというような今日の俗化した情緒的な態度をさしているのではない。そうではなく、神を権威の源泉とする中世神学的な世界観から、人間を万物の中心においた思想への大転換をはたした近代初期の態度をさしている。つまり森羅万象を人間が支配するという意味でのヒューマニズムである。そして、このヒューマニズム思想は近代科学の勃興、啓蒙主義の展開、資本主義の発達とデモクラシーの希求、そして何よりもユダヤ・キリスト教の終末論的な歴史観を換骨奪胎して、人類が進歩にむかって歩むという独特の歴史観を生みだした。そして、そこから近代国民国家の成立や近代文明、人間のレベルでいえば理性の尊重など啓蒙主義的な歴史目標がイデオロギーとなった。

　ところがこうした一連の近代イデオロギーにたいして西欧内部からの批判はすでに19世紀において、思想的にはニーチェの「神は死んだ」という言葉によって象徴され、近代のニヒリズムが指摘された。また自由主義的な資本主義はマルクスの階級闘争論によって弾劾された。しかしこの反近代的批判は皮肉なことに近代のさまざまなイデオロギーが相当に達成されたと思われた1960年代ごろからポストモダニズムと呼ばれる一連の思想となってはっきりと前面にでてきたのだった。この60年代を境目とするこのポストモダニズム論争のなかで重要なのは、西欧文明のアイデンティティであり、「大いなる物語（méta récits）」でもあった進歩史観の終焉がつげられたことであった（F. リオタール）。つまり近代の大いなる目論みであった

人間の解放や豊かで幸福な社会にいたるという物語＝イデオロギーはついにデジタル・テクノロジーを基盤とする社会の到来とともに溶解していったと主張するのである。

　この近代イデオロギーへの批判には、ヘーゲルが歴史の最終到達点とした近代国民国家もまた、デモクラシーどころではなく、全体主義と独裁へと変容してゆくことをはっきりと示したナチス・ドイツやソ連邦の20世紀の歴史が大きく影響していることはまちがいない。いわば合理性を追求した近代とは実は巨大な中央集権的な官僚国家／管理社会への道を歩んできたのではなかったか。

　以上のような西欧文明のアイデンティティにかかわるイデオロギー的な性格だけではなく、あとでふれるが近代科学のもたらしたテクノロジーの否定的な側面がはっきりと現れて来たのも20世紀であった。

3）近代の終焉をもたらした決定的な原因は、60年代からの情報コミュニケーション技術（ICT）の驚異的な発展にあると考えられる。これはたんに技術の問題ではなく、知の独占的な所有者が誰であったか、そして知をどう変えたかというメディアの影響力の問題なのだ。

　かつて、知は修道院のなかで聖書を写筆することで継承され、教会の説教をとおして民衆に伝搬した。ところが15世紀のグーテンベルクによる26個の活字によって大量に印刷できる発明によって、聖職者のものでしかなかった聖書やその解釈が、ラテン語から諸国語の誕生をともないながら多くの人々に伝搬していったのだった。それは教会制度の改革運動を引きおこす要因でもあった。

　この活版印刷の発明の影響は18世紀の啓蒙思想の具体的な表現である「百科全書」に結びつくことになる。おそらくメディア技術が更新されるとき、同時に今までの情報をメタ情報に整理しなおすことがおこなわれるようだ。

　活版印刷から始まった近代メディアは19世紀より新聞、ラジオ、テレビなど伝搬技術をかえながらマス・メディアとして発展してきた。そしてこのメディアが国民をつくりだし、国家への帰属という幻想をかきたてなが

ら、近代国民国家形成に貢献したことはB. アンダーソンの名著『想像の共同体』に描かれている。

　そして、この近代マス・メディアの大きな特徴はその名前が示すように読者／視聴者へ情報や国家のイデオロギーを一方的に発信することにある。政治権力がかかわろうとかかわるまいと、このメディアの発信者たちによって情報の収集、選択、場合によっては捏造、編集、発信がおこなわれ、大衆は基本的にそれを受けとるだけで、時には操作され踊らされる。実際、マス・メディアがいかに支配の効果的な手段であるかにいち早く気づいたナチス・ドイツはたくみに政治的プロパガンダに利用したように、そこにはファシズムを醸成する潜在力が常にひそんでいる。そして今でもこうした手段を利用する国家が少なくないのは周知であって、つまるところ受信する側は決定的に無力・無防備であり、操作される対象でしかなかった。
　ところがICTの進歩はまさに地球規模の情報の伝搬、交換を瞬時におこなうというグローバル化を可能にすると同時に、そのもっとも大きな特徴は、個人が容易に発信し、双方向で情報を交換できることにある。ひとりひとりが安価にミニ・テレビ局を開設し、瞬時に国境をこえて発信できる。この特徴は知の伝搬という点では今までのマス・メディアとは著しく異なる。その結果として社会や文化に及ぼす影響は巨大であろう。たとえば技術的には直接民主主義もすでに可能なはずである。ただここでも技術にはつねに両面があることを知ることになるのだが……。
　このICT革命からは、一種のあらたな「大衆の反逆」（オルテガ・イ・ガセット[1]。）ともいうべき現象が現れ、私的なあらゆる欲望や、顧客的なメンタリティーがつまったパンドラの箱をあけたといっても過言ではないだろう。同じモニターのなかに高尚とされてきた古典的知も低俗とみられたエンタテイメントもともに並存している。ここにおいては価値の中心というものはなく、すべてがモニターの平面上に並存する。もしある価値づけがあるとすれば、それぞれの個人の嗜好による選択であり、その相対性をこえてさらに一歩社会的な価値、あるいは普遍的な価値をもとめてゆくとそこには今まで以上の数の論理が前景に現れる。これは新しいメディア

という武器をえた大衆（demos）の登場で、その一瞬一瞬の気分が、国家の意思決定をさえも揺るがせかねない破壊力をももちはじめたのである。情報を一手に掌握することで権力を保持することができた中央集権国家の時代がおわったのである。

　以上のような3つの要素がからみあって「近代の終焉」と呼ばれる現象を招き寄せたのであろう。そして、これらの地政学的な変動、国民国家という制度をふくむ近代イデオロギーの批判と超克、あるいはICTによる新しい民衆の影響などはすべてがこれからの学問の主要な研究対象となるであろう。なぜならこれらの現象は、知を支えてきた高等教育そのもののあり方をも深く問うものでもあるからだ。つまり近代の終焉は、日本の高等教育をふくむ従来の学問やその制度の限界をも示し、深刻な危機をもたらしていると思われるのだ。

3．科学のヤヌスの顔、「近代の終焉」？

　さて、こうした「近代の終焉」を経験しつつある今日であるが、近代が生み出した知識や方法論のすべてが無効になったと考えることもまた早計だろう。
　近代の社会制度、知の伝承や伝搬、個人の行動様式などに含まれていた特有なイデオロギーが今日批判されようとも、近代のもたらしたさまざまな成果がすべて無効になったというわけでない。とりわけ科学は依然として、あたらしい発見をつづけ、「技術立国」などという国策スローガンがあるように社会への影響力はむしろますます増大していると考えるべきだろう。それはあたかも永遠につづく未完のプロジェクトを遂行しているかのよう見える。
　これはわたしたちの日常の暮らしをすこしでも眺めてみれば明らかではないだろうか。今日の先進的文明をどう評価するのかは別にして、そのインフラストラクチャーのおおくは科学的原理とその結果うみだされたテクノロジーによってなりたっている。つまり一見、中立的に見える科学さえ

もある時代におけるイデオロギーや科学者のもつ思想とは無縁ではないとする指摘は誤りではない。発見された科学的知識や技術も時代や国家の要請などさまざまな要因によって取捨選択されることさえ珍しくない。

　言い換えると先進文明では科学的思考やその方法論、またそこから生まれたテクノロジーが、知的また実践的なインフラストラクチャーをつくっていることは疑うことはできない。日本のような従来、西欧的な論理や要素還元主義とは無縁であった伝統をもった地域であっても、人間社会における真偽の判断には、ハード・エビデンスをつみあげてゆく実証的方法が常識となっているし、先端的テクノロジーを発展させてきた社会でもある。こうして、わたしたちは進歩したかずかずの道具を使い、またその恩恵に浴していることを考えれば、この分野では「近代の終焉」ところではなく、さらに時間を競うようにして新しい発見や技術開発がつづけられている。公正な視点にたてば、むしろ「近代の終焉」に直面しているのは、先進的なテクノロジーに対応できない社会制度、たとえば国家主権であったり、中央集権制であったり、教育制度、あるいは思想的、倫理的、文化的混乱の方ではないだろうか。

　なぜこうした問題（科学的発展と人文・社会的な問題の乖離）が生まれるのだろうか？　近代科学の基本的な性格がどうであったのかを知るために、それが誕生した時代にすこし帰ってみよう。

　理性にもとづく科学的な論理こそが普遍的真理へたどりつく、という近代の信念は、まさに古代・中世の学問のパラダイムを根底から疑った17世紀のデカルトに由来するとされる。『方法序説』（1644）によれば、デカルトはある冬、旅の途中で滞在していた小さな村ノイブルクで、今まで学んできた学問の一切を疑い、確実と思われる知識以外はすべて捨てさる決意をする。そしてこのデカルトを懐疑から確実な知へと導くものは、すべての人に先天的に分け持たれていると彼が考えたボン・サンス（bon sens, 良識）と呼ばれるもので、それにしたがって対象を分割し、その部分部分の真偽を確かめつつ、正しく論理をつないでゆけば真理に到達できるとデカルトは信じた。これは旧来の中世的知のパラダイムを一旦破棄し、確実と

考えられた知を「計画された都市」のように秩序だて、あらたに体系化することだった。デカルトの懐疑から生みだされたこの要素還元主義と呼ばれるみごとな方法的自覚には感嘆しないわけにゆかない。確実さとは理性が実証的に納得できること、正しい因果の論理が構成されることで、そこに新しい学問の方法が基礎づけられた。『方法序説』はまことに思想文学の傑作でもある。

　フランシス・ベーコンもまたイドラと名づけた中世的な迷信や錯誤から新しい真理を実験という検証過程をとおして掴みだそうとした。こうしてベーコンは晩年にいたって理想社会として『ニュー・アトランティス』（1627）を描いた。そこには近代社会のみごとな雛形が示されていると言っても過言ではないだろう。

　大洋のなかの架空の島国ベンサレムは一種の理想社会で、世界中の知識を収集し、「サロモンの家」とよばれる研究機関では天文学、数学、機械工学、薬学、食品学にいたるまでさまざまな研究がおこなわれている。また、いかにも時代が啓蒙へむかっていくことを暗示して興味深い「錯覚研究所」というものまであり、いかに人がだまされやすいかを証明してみせるのである。

　つまり、この「サロモンの家」のコンセプトは、今日の大学や企業の研究機関がおこなっている開発プロジェクトとほとんど同じである。ニュー・アトランティスは、民主主義体制ではなく、寡頭政治による全体主義なのだが（皮肉なことにほとんどのユートピアが全体主義である）、科学的知識に基礎をおいた社会という点できわめて近代的であると言える。このような認識としての科学的知識はバートランド・ラッセルが第二次大戦後すぐにおこなった講演『社会に与える科学の衝撃』で語っているように、真理の認識、あるいは哲学としての科学である。とりわけ自然を対象とする科学にあっては、それは発見という形をとる。ニュートンが示したように虹は太陽の白色光が波長に分かれた現象だという発見、木星には衛星があり、それは太陽ではなく木星のまわりを回っているというガリレオの画期的な発見、などのもろもろの自然現象の法則性の発見は、誰にとっても疑う余地のない（つまり文明・文化／人種をこえた）普遍的な真理であり、人の

関与しない自然の公理なのだ。ただ、こうした公理の発見も光が重力の影響をうけるといったようなアインシュタインによる修正が後にもたらさせることはあるけれども、それであってもこうした自然現象の認識は基本的に決定論的なもので、普遍的真理として人類の知識に加えられる。

ただし、この普遍という真理のもつ性質には、すべての人が受け入れざるをえないというある種の強制力があり、とりわけそれが人間や文化伝統にかかわる価値観についても適応される場合、その強制力は抵抗に出会わないともかぎらないことに留意しておかねばならないだろう。

さて、「サロモンの家」のさらなる特徴は、自然法則の発見にとどまるのではなく、それが実践の知へと応用されてゆくことだ。わたしはこの理論知（発見の知）から実践知（発明・応用の知）へのプロセスにこそ今日の科学のあり方を解きあかす重要な鍵がひそんでいると考えている。なぜなら自然の原理を実践の知へ変換するにさいしての目的設定と工学的な能力こそが西欧の近代技術社会を生みだした大きな原動力ではないかと想像されるからだ。有名な逸話だが、中国では火薬の発明から花火をつくった、西欧は銃を作ったと言われるが、その違いは目的を設定するさいの人間の側の想像力とメンタリティーによって左右される。

ひと言でいえば、この変換のプロセスは、人間の欲望や願望にしたがって、有用なテクノロジーを構想し、生みだすということなのだ。ここに、人間の「作為」への道が開かれる。極端な例をあげれば、原子物理学は、原子同士が高圧のなかで衝突すれば核分裂がおこり巨大なエネルギーを生みだすという発見をした。そこまでは自然現象の発見である。けれども、この核分裂の連鎖を作為的に発生させ、そこで放出されるエネルギーを兵器にかえるという「マンハッタン計画」は原子爆弾を生みだした。もちろんそこには当時の国際政治上の動機があったが、これは神々から人間のために火を盗んで罰せられることになるプロメテウスの行為にそっくりではないか。近代の科学技術はこうして人類そのものを滅ぼしかねない巨大な腕力を人間にあたえることになった。これは力への意志、攻撃的な動機から生まれたテクノロジーの例である。

ところが近代科学の出発時にベーコンの描いた「サロモンの家」におけ

る開発とは、「神の驚くべきみわざに対して賛美と感謝をささげ」、開発にともなう仕事が「聖かつ善なることに用いられるよう神の助けと祝福を乞う」（川西進訳）ものであった。この言明はキリスト教神学と科学とが完全に分離されていない過渡期の表現であるとも言えるが、それ以上の意味、つまり開発の目的が精神的なもの倫理的な価値を内包していたのだった。

　つまり科学の発見は真理の認識としてそれ自体は本来、ほぼ中立的なものであるが、それが応用されて人間の願望を実現する道具に変わるという可能性をつねにひめている。そして、たくみに変換された道具・技術によって人類の直面する今日の課題を解決できると信じる人々がいる。温暖化問題もいずれ技術的に解決できる、人口問題も、貧困問題も技術によって解決できる、というような考えをもつ楽観主義的人々をテクノオプティミストと呼ぶことができるだろう。そして今日、世界を動かすおおきな力となっているのは、資本主義経済と手を結んだこのテクノオプティミズムではないだろうか。水がない、それでは海水の淡水化技術でのりこえよう、若者に精神の病がおおい、それでは脳内化学物質を制御する薬を開発しよう、というわけである。実際、このテクノオプティミズムの文明には歯止めがかからない。あたかも現代における万能の魔術のように見られがちであるが、はたしてこの技術的な発展の延長線上に人類や地球の将来を構想すべきなのだろうか、熟慮に値すると考えられる。

4．人間に関する知

　近代物理学は 19 世紀後半から 20 世紀前半にかけて頂点に達し、諸学の王としての地位を占め、普遍的な真理を求めるモデルであると認められるようになってきた。しかし、発見された理論やそれを導いた方法への疑問が 1960 年代に量子物理学における観察者の問題や、科学的知の累積的進歩を否定する非連続性（パラダイム・シフト）の主張などをとおして修正・批判された。たとえば、自然の現象におけるゆらぎと時間の不可逆性を強調する物理化学者 I. プリゴジンによれば熱力学のエントロピーの法則がニュートン以来の古典物理学の決定論の概念を変えた。同時に、デカルト

以来の知の対象となるものをできるだけ細分化してとり扱う還元主義的方法論もまた批判された。

しかし、こうした物理学的な世界にくらべて、人間をめぐる知は近代の初めからおおきな混乱に巻きこまれたように思われる。なぜなら人間にかかわる問題には固有の難しさがともなっているからだ。この難しさは人間存在を考えるという行為が、人間自身を対象とすると同時に、自身が観察者でもあるという二重性に由来する。

かつてデカルトは懐疑のはてにもはや疑うことのできない前提として「考エル故ニ我アリ」と言ったが、この命題にも考える主体と考えの対象となる自分自身が含まれている。そして、このような自らへの眼差しは、言い換えれば反省的な（reflexive）意識であり、これはくり返すことができる。その結果として存在と思考がかぎりなく分離してゆく傾向が含まれている。つまり、「考エル故ニ我アリ、ト我ハ考エル、ト我ハ考エル」いうように自分を客体視する反省的な意識はかぎりなく重層化し後退してゆける。おそらくデカルトはこうした意識のあり方からほとんど無意識に肉体から離れて存在する純粋な思考の存在を思ったのではないだろうか。これは後に、デカルトの思考が「機械のなかの幽霊」と批判・揶揄される見方であり、そこから思考する主体と、身体というメカニズムに支配される客体というあまりにも流布された二元論が生まれてくる。

ところが18世紀以降、今日にいたるまでの生物学的唯物論の進展によって人間の思考がデカルトの主張したような肉体から完全に分離した存在、もしくは活動だとは言えなくなった。人間機械論はデカルトのメカニズムとしての身体という見方をこえて、18世紀の生物学的（あるい生化学的）な唯物論へつながっていったのである。ここに人間の身体へ自然科学的な眼差しが注がれ、やがて20世紀のDNAの二重螺旋構造が発見されることにつながっている。人間がある種の化学物質（薬物）を体内にとりこむと精神が興奮するという現象は、人間の精神活動は化学的な、つまりは唯物的なメカニズムによって機能していることになるはずである。

そして今日の遺伝子工学による実践知はクローン羊までを誕生させるところまで到達した。その結果、人間のアイデンティティとは一体何なのか、

というわたしたちの存在の根本についてあらためて問わざるをえない事態を招いていると言えるだろう。この問題こそ、SF作家ディックの原作を映画化したリドリー・スコット監督『ブレードランナー』のテーマである。そこで描かれたレプリカントと呼ばれるアンドロイドたちが自己のアイデンティティ（記憶）を求める哀切さには心打たれるものがある[2]。なぜなら比喩的にいえば、わたしたち現代人もまた記憶を失って、根なし草（déraciné）となり、故郷喪失者（heimatlos）となり、流浪（diaspora）に生きることになったからである。

　さらに、生物学的にみれば個体としての生命は、遺伝子がつぎの世代に渡ってゆくための乗り物にすぎないと言われる。個体が種の設計図（DNA）をはこぶと同時に、おそらくごく微細な体験的なノウハウも伝えてゆくのであろう。こうした科学的な認識は驚きであるとともに、ある意味では興醒めなのは、ひとりひとりの生存をどう意味づけるのかという人間の個別性にかかわる問いがみごとに素通りされてしまうからである。ニュートンが虹を光の波長の分かれたものだと証明したとき、詩人キーツが「レーミア」という詩で書いたような幻滅をふたたびわたしたちに与える。ここに見られる根深い哲学的な問題とは、科学的な決定論と人のもつ個別的な自由意志との対立関係といってよいだろう。

　もし個体にとって種の維持に貢献することが主要な存在理由であれば、近代的な個人のアイデンティティを問うこと自体が極端にいえばほとんどナンセンスだったわけだ。いやそれどころか、初期キリスト教の思索家であった聖アウグスティヌス以来、西洋哲学の主要なテーマである人間の「自由意志論」は生物学的な決定論のなかでほとんどの意味を失いかねない。言い換えれば個体が生きるということは、とりわけ社会的、文化的な生物である人間の場合、生物学的レベルとは次元のことなる意味もまた問われているはずだからである。ここに古典的にいえば哲学への道がひらけていたのだと思う。

　以上をまとめれば、一方であまりにも超越的な宇宙像のなかで人間のあり方や近代科学技術の意味が問い直されると同様に、また他方で生物学的な立場から生命や人間のあり方もまた問われている。そしてこれらの問い

のもつ意味は、科学的知が普遍的で決定論的な真理だとしても、そこからは個別的な不安や苦悩のもつ理由や「倫理的な意味」がかならずしも明らかになってはこないということなのだ。自然の物質的なメカニズムをさぐりつづけても、そこにはア・プリオリに「価値」に出会えるわけではないということを意味している。まさに有神論的な実存主義者と言われるパスカルが生涯の最後に、「幾何学的精神（科学的精神）」や「繊細の精神」によって判断するのではなく、「賭け」として神の存在を考えた地点にふたたび回帰したようではないか。

　実際、この問題について現代の知は正面から向かい合っているようには思えない。人間の身体的存在についてルネッサンス期の解剖学からついにDNAの塩基レベル解析にまでいたることで、驚異的な医学の知と医療技術の進歩がはたされたことは明白であり、いまもまたそれは更新されつづけている。しかし、さきに指摘した認識の知と実践の知がそうであったように、クローン技術は人間のあり方への問いに答えているだろうか。かりにクローン技術を人間に応用することが解禁された場合、戦争はクローン兵士たちによって戦われるかもしれない。こうした予想図は言うまでもなくグロテスクではあるが、人間のもつ闘争の本性そのものは変えることできない。そこには、クローン兵士の戦争を夢見るもう一人の『博士の異常な愛情』（S. キューブリック監督）の歪んだ欲望もまた含まれていないともかぎらない。

　わたしたちが現在、直面している近代からひきずっている難問は、科学的知と応用的成果をどう考えるのかという、哲学的、文化的な判断の基準（クライテリア）は何であるかにつきるのではないだろうか。たしかに認識の知を実践知にかえるにあたって現実の社会では方向がないわけではない。それは爛熟した資本主義社会における利潤や利便性の追求であり、また軍事技術への転用である。そして、この二つの分野はいまやまったく歯止めをかけるものはないとさえ言える。国家をこえたある巨大な力がこの実践知をますます推し進めている。ダニエル・ベルがポスト・インダストリアル社会では情報が社会の基盤となると考え、知はまさに財となることを予言したけれども、資本主義社会にあっては利潤追求が基本的に善であるな

らば、利潤をもたらす実践知によるかぎりない開発もまた大いに容認されるという論理しかないはずだ。そしてこの論理は軍事技術においても同様であろうと思われる。

こうした流れのなかで、地球環境と人間の存在はますます危機の淵に近づいているのではないだろうか？

5．自然への回帰

人間自身と人間をとりまく21世紀の現状は近代のニヒリズムをさらに大々的にひっくりかえしたように混沌としている。歴史的に人類がいまや巨大な混沌とソフィズムの時代に突入し、倫理や社会ルールが追いついていないとも考えることもできる。そしてここから人々が精神に不安を抱えるという事態が生まれてきているのであろう。わたしはカルト集団のように黙示録的な終末観や絶望感をかきたてて、ある救いの教義へと人を誘いこむような意図はまったくないけれども、あらゆる分野で羅針盤を失ったような人間の危機が深まっていると思わざるを得ない。

しかし、規模は現在ほどではないにしても、このような精神的な不安や危機感が強くなった時代（たとえば産業革命へ向かう時代）には、つねに「自然」、「歴史」、「言葉」への関心がきわめて強くなる傾向が見られた。これは揺らぐアイデンティティを今一度過去にさかのぼって、その原点を確かめたいとする集団的な欲求と言ってもよさそうである。この原点への回帰という一見反動的な心理の動きは、実は革命というものの基本的な性質でもあるのだ。

同様に、今日、たとえば批判があるにしてもアル・ゴアの『不都合な真実』のようにエコロジーの危機と自然との和解をうながすメッセージが顕著になってきた。それだけ人間の生活によって自然環境への負荷が大きくなり、資源の有限性も見えてきたという危機感が分け持たれるようになったということであろう。そもそもエコロジーへの関心そのものが近代文明の進展とともに18、19世紀にすこしずつ高まってきたのだった。そこでこの「自然への回帰」というテーマをすこしとりあげておこう。

歴史的にみればこうした自然への回帰をもとめる思想は決して新しいものではない。西洋においても東洋においても、古代ギリシャのアルカディア伝説や古代中国の陶淵明が描く桃花源のような自然との調和をたもった暮し、言い換えれば牧歌的なユートピアへの憧れはすでに古くから存在していた。けれども、人間がつよい危機感をもって自然を考えるようになってきたのは、啓蒙時代の博物誌的な知識への関心の高まりや西欧の産業革命による自然資源の乱開発や環境汚染などをとおして18世紀後半から19世紀中葉にかけてであった。

たとえば、ロンドンやパリで都市が拡大、繁栄してゆくにつれて人口の増加・集中とともにペストやコレラといった伝染病の蔓延や、石炭をエネルギー源としたための煤煙による大気汚染など、すでに公衆衛生問題や公害が両首都でも堪えがたいほど深刻になっていたのだった。それにくわえて、労働環境の劣悪さや人間の疎外といった現象はのちの社会主義、共産主義を生みだす条件として出現していた[3]。

都市化による生活環境の劣化や風俗の頽廃と同時に、さらに重要なこととして人心の荒廃があった。貴族たちの放縦、下層社会における道徳の崩壊、金銭欲に走るブルジョワジーなどがはびこり、ヴォルテールが「カンディッド」で書いたように正直者がさげすまれバカをみる社会のなかから、18世紀には「よき野蛮人」という自然人の純朴さを美化する神話が流布したのだった。モーリシャス島の技師であったベルナルダン・ド・サン＝ピエールの小説では、美しい自然のなかで育った若者がパリという都市文明の中で疲弊し絶望する。あるいはパリの貴族文化をよく知っていた『ドイツ論』の著者、ド・スタール夫人はライン川をこえてドイツに旅したとき、その地の豊かな自然に感動する。まさに夫人はドイツ・ロマン主義の源泉となる「文化（Kultur）」に出会ったのである。ド・スタール夫人は宮廷の濁った空気にかわって森の新鮮な空気を吸ったようなものだった。さらには、イギリスでも、レイク・ポエットと呼ばれるようなコルリッジやワーズワースといった詩人たちがいた。そこにはロンドンの喧噪にはない牧歌がまだ可能であったのであろう。

これら一連の自然への回帰というロマン主義的な心の動きは、結局のと

ころ素朴で汚れない牧歌的な世界へのいつにかわらぬ郷愁であった。このような夢は当時でも簡単に実現できるものではなかったと想像されるが、おそらく現代からみればそれでもまだまだ手つかずの自然がおおく残されていたにちがいない。こうした経緯から自然回帰をもとめ、自然をたたえ、場合によっては保護するといった一連の傾向が生まれてきた。つまりエコロジーはすぐれて文明的な課題となったのである。

　これはなにもヨーロッパだけにかぎったことではない。アメリカにはエマーソンや『森の生活』のソローの伝統があり、1960年代のアメリカの「フラワー・ジェネレーション」とか「ビートニック」と呼ばれた若者たちの既成秩序への反抗にはスマートな都市生活や物質的な富よりも自然のなかでのつつましい素朴な暮しや、仏教や禅をとおして精神的な充足をもとめる傾向が見られた。こうしたことから言えるのは、ある文明が大きな転換をむかえ新しい姿をとりはじめるとき、その反作用として人々の意識にはかならず自然が呼びもどされるのだということではないだろうか。

　日本では修験道や仏教の修行をとおして古くから自然への回帰をもとめる心性は連綿として続いてきた。自然は信仰の対象であると同時に、「自然であることは善である」という文化的イデオロギーが日本人の精神にふかく根づいているように思われる。そこには川端康成が『美しい日本の私』で語ったように自然との強い一体感や絆、ほとんど神秘主義的な自然への参入という側面があり、しばしば日本のアニミズムといわれるような太陽、月、岩、滝などの森羅万象を神聖化してしまう傾向が見られる。たとえば、五穀豊穣への祈りから狐を信心の依代として今日まで敬い続けるといったことは西欧近代文明にあってはおそらく考えにくいことではないだろうか？

　こうした信心の起源には自然への畏怖と敬意、豊作と生殖にかかわる生命礼賛などが一体となった祈願がひそんでいると思われるが、このような心性は、人智をこえた自然や命に謙虚に向かいあうという点では近代文明とはことなる態度をもっている。その意味では、21世紀に普遍的な理念が必要とされるならば、それを構成するひとつとして充分に熟慮するに値する自然観ではないだろうか。

　しかし他方、注意しなければならないのは、この自然への敬いの気もち

が人間の作為の結果としての歴史や文化の成り立ちをふかく考えることを妨げ、すべてがなるようにしかならないという不作為の諦念を助長してきたことも疑うことができない。とりわけ社会の現実のあり方について、たとえば封建制や迷信にもとづく風俗、あるいは国家という人為的制度を自然の名のもとに正当化してゆくとき、その自然はもはや本来の自然ではなく、「自然」という政治的、文化的イデオロギーに堕してしまったことは明らかだろう。実際、日本の歴史に自然を客観的に観察し、近代科学を生みだすような方向は例外をのぞいて一般化しなかったし、近代啓蒙思想が広がるには西欧の影響と明治維新を待たねばならなかったことを忘れてはならないだろう。

　そして、考えなければならないのは、こうした自然回帰という一見科学の進歩から見れば保守性をもった思想を主張し、あるいは実践した人々は、いつの時代でも芸術家や思想家たちといったマイノリティであったことだ。そして、こうした少数者の警告の声などにいっさい耳をかすことなく、近代、現代文明そのものは帝国主義的な植民地争奪戦争や経済恐慌などによる数多くの悲惨を引きおこしながらひたすら前進し、大多数の人々もまたその中に巻き込まれ、生きのびてきたことだ。つまり、文明の流れも人々の意識も自然にかえるという方向は取らなかったのである。むしろ歴史はつねに文明間、国家間、個人間における情け容赦のないヘゲモニーをめぐるサバイバル・ゲームの方にしか向かわず、そのなかで強力に鍛えられてゆく攻撃的な手段は自然環境を破壊することをもしだいに気にとめなくなったのが現実である。結果として、過去においても現代においても人類史は自然をますます破壊し、究極的に簒奪する方向へ歩んでいるとしか見えないのだ。

　また、より根本的な問いは、「自然への回帰」ということは何を意味するのかということである。これに答えることはとても難しい。なぜなら自然は決して生命や人間の味方とばかりとはいえず、人間にとって最悪の事態を招く原因でもあるからだ。かつてゲーテが神の存在を疑ったのはリスボンの大地震の被害からだったことは有名な逸話である。事実、生命現象をふくむ自然の摂理にはたとえば弱肉強食がそうであるようにそのまま人間

社会に持ちこむことのできないルールが働いていることも冷静に考える必要があるだろう。
　言い換えれば、人間という生命体は自然の懐から生まれたけれども、自然のままでは生きられない「はみ出した生物」であると言ってよく、それゆえに二次的な環境（文明／文化）を生みだすことは必然であると思われる。人間が自然環境に適応してゆくためには、皮肉なことに環境を創造、建設する作為にかかっていることを考えれば、自然に帰るという主張と、自然とのインターフェイスとしての二次的な環境をどう折り合いをつけるのかということは大変むずかしい永遠の課題だと言わざるをえない。
　たとえばアーミッシュの人々のように電気や電話、自動車を拒否することができるだろうか？　わたしたちが日々利用する携帯電話やインターネットの利便性を捨てることができるだろうか？　文明よりも無知はもっと残酷で悲惨な結果をもたらすのではないのか？　「われわれは原始状態に引きかえすことはできない。無知の夢を選ぶことはできないのだ」（桂田重利訳）と『青ひげの城にて』で語る20世紀の批評家 G. スタイナーの近代文明を背景にした悲痛でもある言明はわたしたち人類のもってしまった宿命を率直に語っているように思われる。
　また他方では、芸術の世界で見られるように自然を美の対象として崇拝することは人類にふかく浸透した感覚以上の感動であり、わたしはここに今日では失われたように見える自然との根源的な絆があると信じている。そこには自然をたんなる客観的な開発・利用すべき対象としてではなく、より包括的な自然にひそむ精神的な意味に思いいたすことであろうか。またそこには、湯川秀樹やR. ドーキンスが説いている「sense of wonder」が、科学と芸術の共通の源だということを認めることができる。わたし個人としては、自然への回帰を求める思想に深い親近感を覚えており、それはある程度、個人個人の暮しのなかで実現できるように思える。自然に参入することでより深く自然を知り、そこで「不易なるもの、永遠なるもの」とのふれあいや共生と和解を求めることができるならば、幸福であるとさえ思う。言語学者の鈴木孝夫は「…私たちはいまこそ『神の死』によって失われてしまった、何事とは見極めつかない、人智の及ばぬ途方もない大き

な何かしらに対する畏敬の念を、改めて取り戻すことが絶対に必要だと考える」と主張している[4]。

ただ、このような自然への態度を人類の文明の基盤となるべき認識としようとするならば、まさに大きなパラダイム・シフトが起こらなければならないだろう。21世紀が環境の世紀であり、持続可能性を追求することが喫緊の課題であるとするのならば、マイノリティの警告の声であった主張を、まさに、叡智として再認識し、文明の普遍的な原理にしなければならないからである。

6．あらたなる叡智学の創造、存在の危機をこえて

これまで述べてきたことは現代人を条件づけている近代以降の知のあり方の素描である。とりわけ近代文明があらゆる領域で科学的な知によって条件づけられてきたことを強調したかったのも、産業の技術だけではなく、人間の暮しにとってもかずかずの利便性をもたらした一方で、その結果がかならずしも「幸福」ではなかったことにも留意しなければならないためでもある。利便性が人間の一部の能力を退化させることも確実だろう。光も大きければその影もまた大きかったというべきであろう。

18世紀、ルソーはディジョン・アカデミー賞に応募した論文『学問芸術論』のなかで、学問・芸術に隠された不純な動機、つまり虚栄をきびしく批判した。「われわれの学問、芸術が完全なものへと進歩するにつれ、われわれの魂は腐敗したのである。（中略）学問と芸術の光明がわれわれの地平にのぼるにつれ、徳は消え失せたのであり、そうした同じ現象はあらゆる時代とあらゆる場所に見いだされる」（山路昭訳）と。ここには知に対するルソーの強い警戒感が語られている。知はたしかに虚栄と支配の道具にもなるからである。あるいはすでに引用した20世紀のG. スタイナーは、「科学と科学法則がもつ『実証的真実』は、人間の目的、人間の自発性へ奉仕するところか、ピラネージが作った牢獄よりもっと暗い獄屋のなかに人間の未来を幽閉してしまった」と記している。ここには自然科学と人文科学のよく知られた分裂の好例を見ることができよう。それは普遍である決定

論的な知（真理）と個別的な自由意志とのあいだに横たわる埋めることのできない溝と言える。いや、歴史をさかのぼれば、智慧の実を食べてしまった人間は楽園から追放される憂き目にあった、と旧約聖書は記す。このように知全体にたいして絶えることなく投げかけられる疑義には何かしらの意味がかくされているはずで、それは次のように考えてみることができるだろう。

　近代科学の知が示していることは、実践知によるとのような素晴らしい最先端の発明やテクノロジーも、つまるところ、人間のもつ矛盾する二面性を拡大するだけだということである。人間はたしかにテクノロジーによって増幅された能力をもつ巨人になったかもしれないが、筋肉能力の増幅であろうと、頭脳能力の増幅であろうと、それらは人間性のもつ相反し矛盾する性質（たとえば善と悪、愛と憎悪、創造と破壊など）そのものを引きずっているということだ。そして、テクノロジーは人間の矛盾をかぎりなく拡大することで、肯定的側面と否定的側面をともに極大化する「アラジンのランプから踊りでるジーン（魔人）」でしかないのではないだろうか。言い換えれば、テクノロジーの功罪はつねに規模を大きくしながら発展するのであって、それは人間の善意に依存し、叡智によって導かれなければ非倫理的な方向にもたやすく展開・逸脱してゆく。

　そして、このテクノロジーのヤヌスの顔は、たんに自然科学領域にだけに留まらない。人文や社会系の知においてもある程度同じなのだ。金融工学と言われる手法などはその典型であるかもしれない。ただ、違いがあるとすれば、政治や法律、あるいは歴史、文学、哲学というようないわゆる人文・社会系の分野では理論的知であってもかならずしも自然科学的な精密さも、時と場所を選ばない普遍性ももつことができるとは思われないことである。なぜならそこに人間存在と人間の作為によって生みだされたまさに多様で個別的で一回性の歴史的現実や制度そのものが対象であって、しかもそれを解釈する精神もまた歴史のなかに生き、その影響をつよくうける人間自身であるというすでに指摘した困難さがともなっているからだ。そのために自然科学的な立場からみると、そうした曖昧さを科学的ではないと（学問ではないとは言わなくとも）批判できるだろう。ただ、こうした

事情があるにせよ、人文・社会系であろうとも経済学のある領域のように理論的な知と実践の知が存在するというあり方は同じであろう。

　以上のような知のあり方を振り返って、現在わたしが知のあり方として、認識の知と実践の知をこえて提示したいのは、今ひとつの知のあり方である。あたかも「機械じかけの神、deus ex machina」のように、一挙に大団円によって締めくくろうというのではない。それは新奇なものでさえない。あるいは制度的知という範疇には入らないものなのかもしれない。むしろ知に偏りすぎた知への大いなる疑問であるかもしれない。あえて言えば、ある方向を示そうとする暫定的な結論である。

　わたしが提案したいのは次のことである。今日わたしたちはふたたび人間の有限な存在にふかく眼差しをそそぎ、その存在の意味や価値、あるいはそのもっとも充実した幸福とは何であるか、を問う叡智を求めなければならない、と言うことである。これは従来、哲学や倫理学という言葉でよばれる領域にちかいけれど、かならずしも現在の学問的範疇を指しているわけではないし、また哲学的な言葉で語る必要もまたない。あえていえば智慧を問う心であり、自然科学の眼差しがそそぐのと同じ人間存在とその行為を対象としているが、眼差しをなげかける主体が自らをも対象としながらも、経験といったような個別の知をも包括して、「ある」ことの「幸福」や「救い」を求める思考である。

　このような領域は、自然科学的な認識の知よりも曖昧さをふくむように見えるかもしれない。ハイデガーの哲学の根拠となっているものはアインシュタインのエネルギーの法則より普遍的でないかもしれない、と問われることもあろう。ポストモダニズムに大きな影響を与えたニーチェの主張はどこに客観的な根拠があるのだろうか？　シニカルな人であれば、かれの狂気にある、と冷笑するかもしれない。ルソーの『学問芸術論』の批判の根拠となっているのは「徳」であるが、その「徳」自体はどんな根拠によって正しいとされるのか、といった皮肉な批判にたやすくさらされる領域でもある。

　けれども、だからといってこれらの思想が誰か一個人の個別的で主観的

ドグマにすぎないとして捨て去ることはできないし、事実、人間は捨ててこなかった。なぜなら、個人がもつ説得力は、人間の「ある」ことの意味と価値について、自然との対話から生まれたすぐれた洞察でありうるからである。それがたとえある時代や地域の制約を受けていたとしても、その時代なり地域にあって人間のアイデンティティと「幸福」について個別的でもあり同時に普遍的でもある認識を提示する可能性を常にもっているからだ。

　言い換えれば、わたしの言いたいことは、ある種の自由、また個別性、科学の起源にあったはずの人間の「ある」ことへの驚異をとりもどすことから出発しなおすということに他ならない。涙の化学成分も、その原因となった感情のたかぶりによる脳内の化学的変化も科学は解明するだろう。しかし、その感情がなんによって引きおこされたのかはまたべつの次元の課題ではなかろうか。死者をおもって落ちる涙もあるだろう。春の鳥の鳴声をきいて落ちる涙もあるだろう。ここには化学的反応と意識の二元的な枠をこえた統合された現象（感情や思惟）が起こっているのではないだろうか。物理学者のF.カプラは、夏の夕暮れ浜辺で感じ取った経験から『物理学のタオ』を書いた。その浜辺には元素があり、飛来する宇宙線があり、そこに大きなリズムや音があり、世界が踊っていると感じたのである。それはまさしくヒンドゥー教のシヴァ（仏教では大自在天）の踊りではないかとこの物理学者は直観する。またこうした組み合わせについて、プリゴジンは実験と定量化という西洋の伝統と自発的で自己組織的な世界観をもつ中国に見られるような伝統を結びつけられるのではないかと指摘する。いわば近代科学の二元論をこえてゆく考え方であろう。

　そうした方向にあって初めて、人間と世界とのあいだに和解のコンセプトが生まれてくるのではないだろうか。そしてこれはまた新しい学問のあり方を暗示するのではあるまいか。知の対象への敬意である。

　古代から中世にかけて叡智は、宗教や哲学が受け持ってきた。そして常に尊敬されてきた徳や倫理は、「メメント・モリ（死を忘れることなかれ）」という言葉で表される、人間には「死」という有限があるという認識から生まれたものだと思う。そこでは死は空無ではなく地獄や天国といった最

終的な到達点であって、人生はその途上であり、人生での振る舞いが後に審判にふされる。これが翻って人生に意味づけをしていた。しかし、現在では死はまったく世俗的なものになったと言わざるをえず、特定の宗教を信じる人以外には死後の到達点などとはないのである。しかし、人の生の有限性によって「メメント・モリ」は人生をより充実したもの、意味あるものにしたいとする意欲を生み、究極的には個人のアイデンティティを確立する。生を思う時にはニヒリズムに陥りやすいが、死を思うときは生の充実を構想するのだ。このことはどのように文明化された現代社会においても消えることのない人の心の動きではないだろうか。

　そして、今日きわめて重要に思われることは、この「メメント・モリ」がただ個人にとって切迫感もって囁かれるだけではなく、より悲劇的なことに、この言葉がいまや「人類」全体にむかって覚醒をうながすメッセージでもあるということだ。自然環境も人類史もある限界にちかづいているように思われるからだ。そして、もしこのままの状態で時間がすすんでゆけば、人類は悲惨なサバイバル・ゲームに突入せざるをえないのではないだろうか。これを避けるためには個人のレベルのみならず人類もまた、言い換えれば個別性や普遍性といった二元論的をこえて、ある種の新しい叡智を共有しなければならないのではないだろうか。。

　古来、人間は人間の思想の相対性を乗りこえるために、第三者を調停役なり最終的な権威として設定してきた。それは神であったり王であったりした。近代ヒューマニズムはこの第三者を世俗的、つまり人間の権威や法の支配に置き換えようとしてきたが、それが成功するためにはいまや新たに今ここにある個人と人類の有限性を深く見つめなおし、自然との対話と共生をつうじてしか、21世紀の思想の展開はありえないように思われる。

　わたしたちはいま、現代文明の無限の欲深さ、国家主権という自己中心主義、人口の増大、個人に分配された自由などなどを、以上のような視点から再考すべき時期に来ていると考える。あえていえば、もしわたしたちが生き残りを求めるのであれば、近代の人間中心主義であるヒューマニズムをこえてゆかなければならない。そうでなければわたしたちは地球を破壊・汚染し自滅への道を歩むことになるだろう。いや、それでもなんとか

生き延びるかもしれないとしても、そこには膨大な犠牲がともなうことであろう。

　最後に、わたしはこの文章を書きながら、しばしばギリシャ悲劇のかずかずの傑作を思いだしていたことを記しておきたい。アイスキュロスの主人公たちはその高慢さのはてに神々によって打ち砕かれる。ここには人間のあり方を示す古代の「叡智」がある。この叡智は現代でもなお生きており、知はふたたびこの叡智という主柱のまわりに編成しなおさねばならないのではないだろうか。

　　注
1）スペインの哲学者オルテガ・イ・ガセットの本の題名。著者は第一次世界大戦を経過することで大衆が歴史の前面に出てきた時代を「大衆の反逆」というキーワードで語った。
2）このアイデンティティという言葉に含意される確固とした自己同一性はいささか近代の自我のあり方（自己内部の強固な一貫性）にちかく、むしろ現実的には人間はさまざまな環境にあわせて変装する10面相／20面相なのだという批判もでてこよう。この曖昧さを避けようとすれば、アイデンティティという言葉ではなく、わたしたちの「生存の意味とはなにか」という問いに言いかえてもよい。
3）日本ではあまり指摘されることはないが、近代イデオロギーにはキリスト教の理念を世俗化した性質があり、社会主義、共産主義はその例である。『空想から科学へ』とその理念が変わる過程で宗教的性格は排除された。
4）鈴木孝夫『人にはどれだけの物が必要か』飛鳥新社

追記
　以上のエッセイは昨秋（2010）に提出したのだったが、2011年3月11日、不幸なことに東日本大震災が起こった。まさにゲーテやヴォルテールのリスボンの大地震に対する反応を思いおこさせる大地震であり、人間にとって自然とは何かをあらためて問うきっかけとなった。
　そして同時に、このエッセイのなかで危惧してきた先端科学技術の破綻

という悪夢が福島第一原子力発電所で現実のものとなった。天災が引き金になったとはいえ、現代技術のあやうさが一挙に露呈したと言える。この問題について２点を指摘して追記としておきたい。

　第一に、驚くべきことは、原子力発電所が深刻な事態に陥ったときに制御できる技術が確立していないままに、またさらに使用済み核燃料をどう扱うかを政策的にも技術的にも解決策がないままに今まで原子炉を運転して来たことである。「安全神話」など「おとぎ話」だったのである。まして や破綻の結果が次世代にまでおよぶ放射能汚染であること、使用済み核燃料の放射線が無害化するには数世代いやそれ以上何百年も必要であることを考える時、原子力発電所設置が人類の存続を危うくする非倫理的な意思決定であったと言わざるを得ない。ゲーテの詩に出てくる魔女の弟子の話を思いおこさせるものだ。弟子は魔女の妖術を盗みだしたのはいいが、妖術を解除する術を忘れていた。結果は妖術の暴走である。
　たしかに技術というものは失敗を重ね、ときに多くの犠牲者を出しながら、安全で確実な技術へと進化してきたというのは本当である。ジェット旅客機コメットの度重なる空中分解から金属疲労という対処しなければならない弱点が分かったのもその例であろう。また、現在、墜落した核爆弾搭載の爆撃機、沈没した原子力潜水艦が海中にあり、さらに劣化ウラン弾による環境汚染などから、今後、高度な除染技術が発達することは考えられる。しかし、だからといってリスクがまったくなくなるわけではないのだ。そして重要なことは、原子力発電のリスクは通常のリスクと同質ではなく、人類の生存そのものを危うくしかねない地球規模の何世代にもわたる環境汚染を引きおこす可能性をもっているということである。人類の持続的成長などの議論がまったく無意味になるリスクなのである。
　こうした危険を孕んだ原子炉をなおこれからも稼働させようとする意思決定は、自殺的な「狂気」に他ならない。自国の戦略として経済的、技術的覇権を得るために、人類の破滅を賭けた「狂気」に捕われた国策としか言いようがない。
　第二に、こうした原子力発電をめぐる制度や組織の側面である。筆者の

目には今回の福島原発の破綻は、ここ数年にわたって日本に起こった旧社会保険庁や日本航空の破綻と同じ性質をもっていると思われる。つまりこうした国策組織／企業の破綻のおそれは指摘されていたにもかかわらず、政治が必要な政策的な決定を先延ばしにした「不作為／不決定」の結果であるということである。これらは中央集権的な国家自体の破綻をも恐れなければならない予兆であるかもしれない。

　今回では、東電がその例であるが、もっとも象徴的な例が東電を監督する立場にあった原子力安全・保安院の存在であろう。経済産業省におかれた原子力安全・保安院は、IAEAならずとも、一市民の常識から見ても、公正を担保しにくいありえない組織形態だ。こうした官僚組織を設置し、後に放置してきた歴代の内閣／国会の不作為／不決定の責任はきわめて重い。（なおこの際、指摘しておきたのは、原子力安全・保安院の発表における科学的？　あるいは擬似科学的言説のあり方である。原発の例だけではないが、科学的言説は因果関係が証明されていない事柄については科学という立場上、ことの真偽を断定しない／しようとしない／できない。しかし今回のような巨大なリスクをもたらす事故の場合、進行する事態について科学的に因果関係が証明できなくとも、予想される最悪を避けるための緊急の意思決定が必要になってくる。こうした場合、科学的な証明をまっている時間はなく、最悪を回避する意思決定をしなければならない。ところが、科学的言説そのものは判断の材料にはなっても決断する能力がないことを今回の事故報告ははっきりと示した。その結果としてこの擬似科学的言説は責任をとらない、という立場が確保される。そしてまことに興味深いことには、この科学的？言説と官僚的言説とは非倫理性という意味で同質であるということである）

　しかし筆者がもっとも言いたいことは、原発問題について国会や中央官僚組織、あるいは経済界を批判するだけでは充分ではない、ということだ。原発をめぐる癒着のネットワーク構造は、地方政治、地方自治体、いや市民レベルでも存在していると指摘されてきた。県市町村が経済的な困窮のゆえに原発建設を「やむを得ない」とする時、利益、利権確保のための癒着のネットワーク構造ができ上がってしまうことである。その一例が形骸

化したタウン・ミーティングであった。そして、でき上がってしまった癒着のネットワーク構造は、それを自動的に維持すること、平たく言えば既得権を維持するために批判的な視点を失い、不健全に歪んだ現実を生み出してゆくのである。

　そしてこの癒着構造は、原発問題をこえてそれこそ放射線汚染と同じく、現代日本社会のもう一つの致命的な汚染なのではないだろうか？

　以上が、今回の福島第一原発の破綻にかんする筆者の追記である。

第Ⅱ部
環境とサステナビリティを考える

第Ⅱ部では、環境問題が、現代社会で日増しに重要性を増している状況のもと、まず笠原三紀夫氏が、この状況をいかに打開していくかを、工学の視座から論を展開している。「科学によってもたらされた状況の問題点は科学によって解決する」という信念が随所に展開されている。

　まず、20世紀における科学技術の発展が概括され、その結果もたらされた環境破壊などが、新しい科学技術の発展の必要性をもたらしている状況が述べられている。「持続可能」という概念が提起され、それが一般化されて、21世紀の最大の課題となりつつある状況が論じられている。

　次いで、具体的な議論が展開される。地球環境問題、地球温暖化、将来の人口とその構成、人口減の中での将来の社会・環境のあり方、などが豊富なデータ、具体例の検討結果とともに論じられている。

　続いて、鵜野公郎氏が、21世紀の人類最大の課題とされるサステナビリティについて論陣を張っている。広く総合的な視点から環境問題を把握し、また、今後の社会の進むべき方向への提言が盛り込まれている。

　現代の歴史的状況として、地球の資源面・環境面での有限性が明確になったことが指摘され、経済発展を継続し、貧困を克服しつつ、持続可能な経済社会を構築することの必要性が論じられている。

　そして、その課題を解決する手段として、アジア・太平洋におけるアカデミック・コミュニティーの社会的責任として、持続可能な経済社会システムを組み上げることであり、そこでの科学者は、専門性に加えて、技術開発と技術融合、隣接諸科学との横断的なコラボレーションを行うことが歴史的使命であることが指摘されている。

　次いで、環境、エネルギー、情報について、状況が論じられ、特に情報について、具体例を挙げて論じるとともに、中部大学における教育プログラムの開発状況が述べられ、今後のアジア・太平洋地域での連携の重要性が示されている。

第2章
将来世代へ優しい社会・環境を

笠原三紀夫

1．はじめに

　20世紀初頭の1901年（明治34年）の正月に、報知新聞は「二十世紀の豫言」と題した未来予測記事を掲載した。記事は図表1に示したような電気通信、運輸、軍事、医療、防災など23項目について、20世紀中に実現すると思われる科学・技術の内容を予測したものである。
　文部科学省発行の平成17年度版科学技術白書では、これら23項目について予測の的中度を検証し、12項目が実現（図表1中○）、5項目が一部実現（同△）、6項目が未実現（同×）と評価している[1]。実現と評価された「14.鉄道の速力」、未実現と評価された「17.暴風を防ぐ」の内容を以下に例示した[1]。
　14.鉄道の速力
　　十九世紀末に発明せられし葉巻煙草形の機関車は大成せられ列車は小家屋大にてあらゆる便利を備え乗客をして旅中にあるの感無からしむべく菅（注＝ただ）に冬期室内を暖むるのみならず暑中には之に冷

第 2 章　将来世代へ優しい社会・環境を

予　言	結果	予　言	結果	予　言	結果
1. 無線電信及電話	○	9. 植物と電気	○	17. 暴風を防ぐ	×
2. 遠距離の写真	○	10. 人声十里に達す	○	18. 人の身幹	△
3. 野獣の滅亡	×	11. 写真電話	○	19. 医術の進歩	×
4. サハラ砂漠	△	12. 買物便法	△	20. 自動車の世	○
5. 七日間世界一周	○	13. 電気の世界	○	21. 人と獣との会話自在	×
6. 空中軍艦空中砲台	△	14. 鉄道の速力	○	22. 幼稚園の廃止	×
7. 蚊及蚤の滅亡	×	15. 市街鉄道	○	23. 電気の輸送	○
8. 暑寒知らず	○	16. 鉄道の聯絡	△		

図表 1　20 世紀の豫言

気を催すの装置あるべく而して速力は通常一分時に二哩（192km/h）急行ならば一時間百五十哩（240km/h）以上を進行し東京神戸間は二時間半を要しまた今日四日半を要するニューヨーク、サンフランシスコ間は一昼夜にて通ずべしまた動力は勿論石炭を使用せざるを以て煤煙の汚水無くまた給水の為に停車すること無かるべし。

【評価】高速化のみならず、電化や快適性の向上など、概略は当たっている。

17. 暴風を防ぐ

　気象上の観測術進歩して天災来らんとすることは一ヶ月以前に予測するを得べく天災中の最も恐るべき暴風起らんとすれば大砲を空中に放ちて変じて雨となすを得べしされば二十世紀の後半期に至りては難船海嘯（津波）等の変無かるべしまた地震の動揺は免れざるも家屋道路の建築は能く其害を免るゝに適当なるべし。

【評価】気象予測の技術は大幅に向上したが、台風を雨に変えるは外れている。後半の耐震設計の進歩については間違いないものの、阪神・淡路大震災などの被害状況からは完全とはいえない。

　飛行機もなかった 1901 年に、このような夢に満ちた予言がなされ、半数以上が現実になったことに大きな驚きを感じるとともに、想像力のたくましさ、将来を見すえた洞察力に敬服する次第である。

　このような予言の実現のためには科学技術の発展が不可欠であるが、20 世紀はまさに科学技術発展の世紀でもあった。科学技術の発展は、豊かで便利な生活を人々に与えたが、一方で公害や地球温暖化など環境汚染・環

境破壊をも招いた。21世紀は環境の蘇生をめざす「環境の世紀」といわれている。また、わが国では21世紀末には人口が現在の1/3程度にまで減少し、さらに少子・高齢化が加速されると予測されている。このような背景を十分考慮した上で、将来世代により優しい社会・環境を築き引き継ぐことができる、夢のある「21世紀の予言」（長期計画）とその実現に向け努力したいものである。

本稿では、20世紀の科学技術の発展、その結果としての地球環境問題、そして人口が激減すると予想されるわが国において、持続可能な社会を構築するための社会基盤のあり方、について地球温暖化問題を中心に考える。

2. 科学技術の発展と環境問題[2)]

20世紀、特に第二次世界大戦後の20世紀後半には、科学技術はかって経験したことのないめざましい発展をとげ、図表2に示したように産業・経済などの発展に大きく寄与してきた。そして、私たちの生活レベルは著しく向上し、例えば、医療の進歩は人間の寿命を飛躍的に伸ばし、交通機関の発達は移動空間を飛躍的に広め、行動範囲を地球の隅々にまで拡大し、

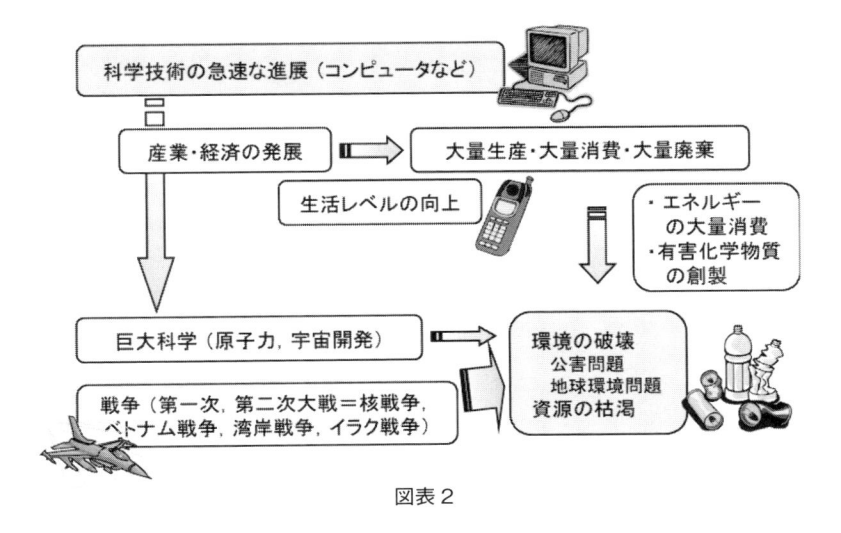

図表2

またコンピュータ・情報通信機器の発達は、複雑な計算をも正確かつ超短時間に行い、膨大な情報を収集・処理するとともに、瞬時に世界中の人々と情報の共有や交換を可能にした。

　このような20世紀の科学技術の急進展により、経済・産業は急速に発展し、人々は、といっても主として先進国を中心とした人々であるが、物質面での豊かさを満喫し、便利で快適な生活を享受してきた。20世紀後半に開発され、急速に普及した各種製品の普及率の推移を図表3に示した。ここに見られるように、1950年代後半には、「三種の神器」といわれた白黒テレビ・電気洗濯機・電気冷蔵庫が出回りはじめ、多くの人々の憧れの商品として急速に普及した。その後1960年代の高度経済成長期には、カラーテレビ・クーラー・自動車が、また2000年代に入ってからは、デジタルカメラ・薄型テレビ・DVDレコーダーがそれぞれ「三種の神器」と呼ばれ普及を続けている。

　中でもコンピュータは、複雑な数値計算・情報処理はもとより、日常生活の中においても各種機器の自動化、制御、管理、文書・図表の作成等々、好むと好まざるとにかかわらず、私達の生活にどっぷりと入り込み、一度停電が起これば、社会が大混乱を起こす例を数多く経験してきた。また、コ

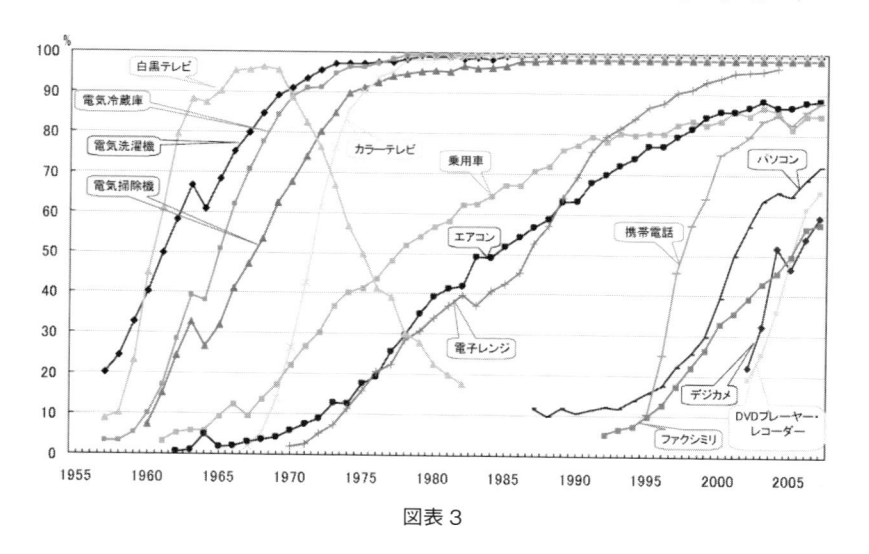

図表3

ンピュータは、原子力発電や宇宙開発など巨大科学の推進にも大きく寄与してきた一方、軍事的にも広く利用され（一面では、軍事研究が科学技術を進展させてきた）、人の生命を奪い、自然や物の大量破壊、地球規模に及ぶ環境破壊にも少なからず関与してきた。

このような20世紀の象徴ともいえる科学技術の進展や急速な経済成長、また物質的な豊かさは、大量生産、大量消費、大量廃棄を前提としたものであり、それは化石燃料を中心としたエネルギーの大量消費とともに、地域の環境汚染（公害）をはじめ地球環境の破壊、資源の枯渇、また廃棄物の大量発生といった負の遺産をももたらし、20世紀末には環境問題に大きな関心がもたれるようになった。

1980年代の軍拡競争に象徴される米ソ冷戦時代は、1989年のベルリンの壁の崩壊とともに終結し、懸念された東西間の対立や核戦争の恐怖がなくなった。このような背景の中1988年トロントで開催された第14回カナダサミット（G7）において「地球環境問題に一層の行動を行う」ことが合意され、翌年の第15回パリサミットにおいては、地球環境問題を中心的な課題として取り上げることとし、地球環境重視のサミットへと変革した。これらのサミットをきっかけに、地球環境は重大な危機に瀕しているという世界共通の認識が生まれ、一致協力して地球環境問題の改善に努めなければならないとの合意が形成された。そして現在では、地球温暖化問題は21世紀の最重要課題とみなされ、国際協力のための枠組みづくりが進められる一方、わが国では、法的・技術的対応が図られ、国民の間にもエネルギーの削減・地球温暖化防止対策に対する意識の向上が芽生えてきている。

なお最近、Sustainable Development（「持続可能な開発」または「持続的発展」と訳されている）という言葉が頻繁に用いられようになった。Sustainable Developmentの源となる理念は、「現在および将来の世代のための人間環境擁護と向上が人類にとって至上の目標」と謳った、1972年の国連人間環境会議（ストックホルム会議）にて打ち出された。1987年には、国際連合の「環境と開発に関する世界委員会」の最終報告書「ブルントラント報告」にて、"Sustainable"という言葉が初めて用いられ、「将来の世代のニーズを満たす能力を損なうことなく、今日の世代のニーズを満たすような開発」と

意味づけている。そして 1992 年の国連地球サミットにおいては、Sustainable Development は環境問題における基本的考え方となり、「環境と開発に関するリオ宣言」や「アジェンダ 21」に用いられ、以後「将来世代のためにも環境に十分配慮し、環境と調和をとりながら行動する」ことが、環境問題への取り組みの基本理念となっている。

3．地球温暖化／CO_2の重さ

3－1．地球環境問題

　産業公害のように、人の健康や生活環境に直接被害をもたらす可能性は小さいが、被害や影響が一地域・一国内にとどまらず国境を越え、ひいては地球規模にまで広がり、長期的には人類の生存基盤である地球環境にも大きな影響を及ぼすと予想される環境問題を地球環境問題と呼んでいる。

　地球環境問題は、人間の活動が量的・質的に拡大・変化し、自然環境や地球生態系に内在する自浄能力を超える過大な負荷が、自然環境や生態系に及ぼすことが原因となっている。特に、18 世紀末の産業革命を契機とした、化石燃料を中心としたエネルギー消費量（図表 4 [3]）や生産活動の増大など人間活動の飛躍的な拡大と人口の爆発的な増大（図表 5 [4]）に起因している。

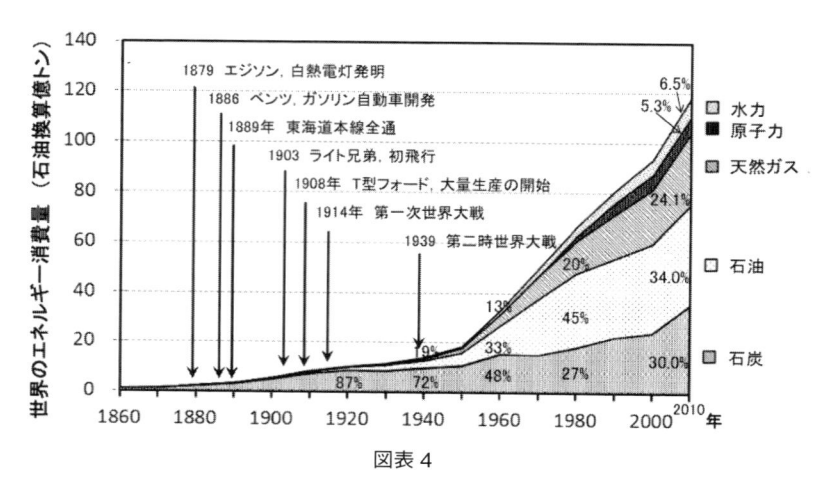

図表4

図表5

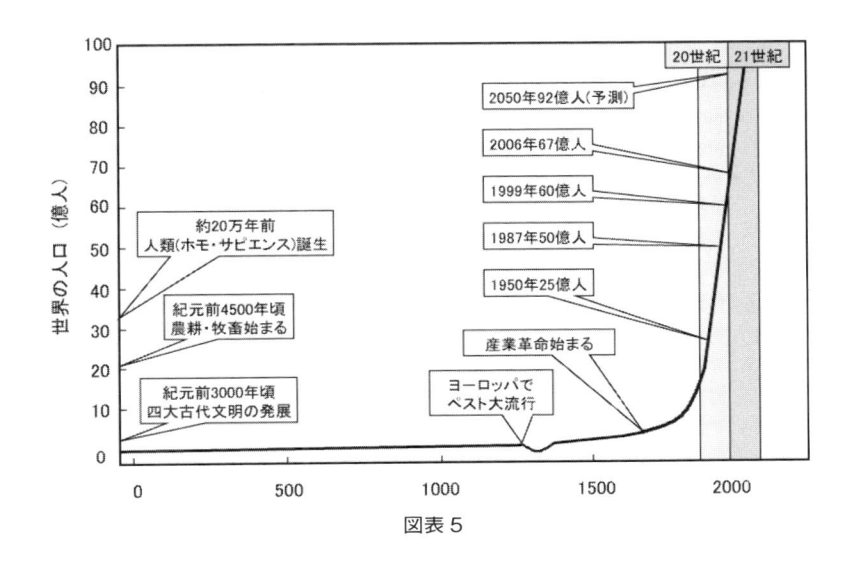

1) 影響や被害が一国内にとどまらず，国境を越えさらには地球規模にまで広がり，人類の生存にも関わる深刻な影響を及ぼす恐れがある。
2) 地球環境問題の解決のためには，開発途上国をも含めた国際的な取組が必要である。
3) 原因が生じてからその影響が明らかになるまでに相当の時間差がある。
4) 影響や被害が現実のものとなれば回復することがほとんど不可能であることから，現在とるべき対策は直ちに実施していく必要がある。
5) 未解明な問題が多く科学的に早急に解明すべき点が多々あり，全地球的，長期的観点から観測や調査研究，技術開発を行う必要がある。

図表6

　地球環境問題の特色を図表6に示した。地球環境問題は、影響が明らかになるまでに長い時間がかかり、影響が明らかとなった時点では、もはや回復することは困難となる。したがって、たとえ疑わしい場合でも、長期的観点に立ってとるべき対策を実施しなければならない。

　地球環境問題は、具体的には図表7に示したように、①成層圏オゾン層の破壊、②地球の温暖化、③酸性雨、④有害廃棄物の越境移動、⑤海洋汚染、⑥野生生物の種の減少、⑦熱帯林の減少、⑧砂漠化、⑨開発途上国の公害問題、の9つの事象が挙げられる。これらの内①～⑤は、主として先進国の高度な経済活動に起因するのに対し、⑥～⑨は主として開発途上国

第 2 章　将来世代へ優しい社会・環境を

```
・被害や影響が一地域にとどまらず，地球全体にまで広がる
  環境問題
・国際的な援助や取り組みが必要な環境問題
（9つの事象）
    ↓ 主として先進国の高度な経済    ↓ 主として開発途上国の人口
      活動に起因                      の急増，貧困等に起因
    ① オゾン層の破壊              ⑥ 野生生物の種の減少
    ② 地球の温暖化                ⑦ 熱帯林の減少
    ③ 酸性雨                      ⑧ 砂漠化
    ④ 有害廃棄物の越境移動        ⑨ 開発途上国の公害問題
    ⑤ 海洋汚染
```

図表 7

の人口の急増、貧困等に起因するものである。例えば、地球温暖化の原因となる二酸化炭素の排出量の増加や酸性雨の発生の原因となる二酸化硫黄や窒素酸化物は、エネルギー消費量の増大に伴う問題であり、主として先進国の経済活動と密接に関連している。一方、開発途上国における人口の増加や貧困問題は相互に関連し、人口増加を背景とした人間活動の拡大は、熱帯林の減少や砂漠化の進行、野生生物の種の減少等の要因となっている。また、フロンガス等による成層圏オゾン層の破壊や化学物質による汚染、有害廃棄物の越境移動等の問題は、人類が新たに作り出した様々な物質を大量かつ広範囲に使用したことに起因している。

3－2．地球温暖化

3－2－1．地球温暖化の原因と温室効果ガス

氷河の融解や各地で発生する異常気象などは、地球温暖化が原因と考えられることなどから、現在、地球温暖化は地球環境問題の中でも最も関心の深い問題となっている。

地球温暖化は、図表 8 に示したように、太陽光により地上が暖められ、暖められた地表面からは、空に向かって波長の長い赤外線を放出する。二酸化炭素（CO_2）などの温室効果ガスは、この赤外線を吸収し自身が暖まっ

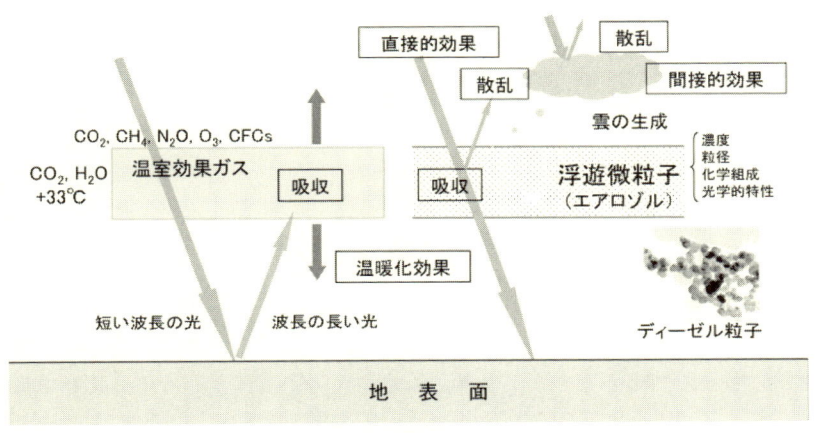

図表8

て、その一部を地表に向けて再放出する。そのため、この余分な熱により地表面や大気がさらに暖められ、温暖化を引き起こす。温室効果ガスとしてはCO_2以外にも、後述するようにメタンや水蒸気などがある。

ところで地球温暖化問題では、温室効果ガスによる温暖化効果が主として議論されているが、大気中の微粒子（エアロゾル粒子）の影響も無視できない。微粒子の温暖化への影響は、微小粒子が光を吸収したり散乱（反射）することにより［直接効果］、あるいは微粒子が雲の生成をうながし結果として太陽光を遮ることにより［間接効果］、温暖化または寒冷化へ導く。微粒子の地球温暖化への影響は、微粒子の物理・化学的性状に大きく依存し、未解明・不確かな問題も多いが、一般的には間接効果の方が大きく、総合的には寒冷化効果として作用すると考えられている。

1年間を通した地球全体の平均気温は約15℃である。地球温暖化においては、CO_2はもっぱら悪者のように扱われているが、適度なCO_2（産業革命以前の280ppm程度）と水蒸気がなければ、地球の平均気温は現在より33℃低い－18℃となり、地球上で人は生存できないといわれている。

地球温暖化は、人間の活動に伴い排出されるCO_2やメタンなどの温室効果ガスの大気中濃度が増大し、地表面温度が上昇する現象を意味するが、その上昇割合が過去に例をみないほど大きく、人類の生存や生態系の保全を

脅かす恐れがあるとして問題視され、その抑制が急がれているのである。なお、温室効果ガスとしては、水蒸気やフロン類も該当するが、温室効果ガスの排出削減を初めて定めた京都議定書では、CO_2、メタン（CH_4）、一酸化二窒素（N_2O）、ハイドロフルオロカーボン類（HFCs）、パーフルオロカーボン類（PFCs）、六フッ化硫黄（SF_6）の6種を排出削減対象物質としている。

大気中の水蒸気は温室効果が最も大きく、現在の大気の温室効果の60%は水蒸気、30%がCO_2によるといわれている[5]。しかしながら、水蒸気が温室効果ガス削減対象物質とされていないのは、化石燃料の燃焼など人間活動によって排出される水蒸気量は、水循環の中ではきわめてわずかの量であり、また人為的に大気中の水蒸気量を制御するのは困難であるためとされている。

一定期間内にどれだけ温暖化する能力があるかは、温室効果ガスの種類によって異なり、CO_2を1とした相対値で表し、これを地球温暖化係数（Global Warming Potential, GWP）と呼んでいる。100年間のGWPを比較すると、CO_2に対し同一重量のメタンは約21倍、一酸化二窒素は約310倍、フロン類は数百〜約1万倍の温暖化能力をもっている。産業革命以降、人為的に排出された温室効果ガスによる地球温暖化、及びわが国が2008年度に排出した各温室効果ガスの地球温暖化への寄与率を図表9[6]に示した

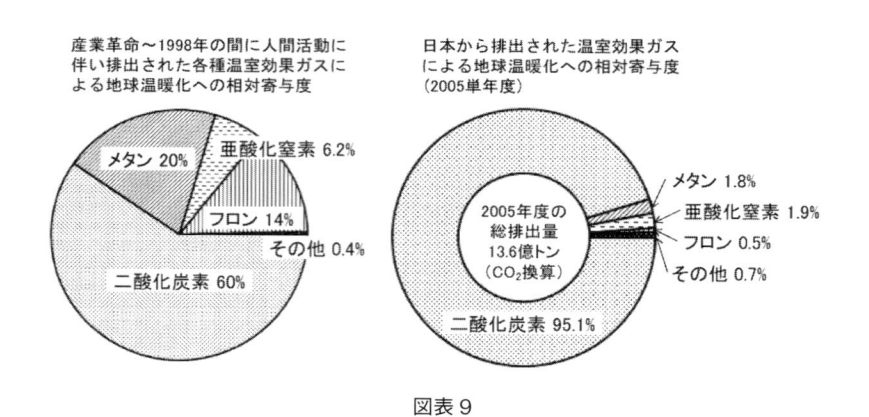

図表9

が、温暖化への CO_2 の寄与率は長期的には 60%、短期的には 95% と最も大きい。CO_2 のほとんどはエネルギーの生産と利用に伴うものであることから、地球温暖化防止対策においては、エネルギーの生産・利用に伴う CO_2 の排出抑制が鍵となる。

3－2－2．地球温暖化の現状と影響

気候変動に関する政府間パネルにより 2007 年に公表された IPCC 第 4 次評価報告書[7]を基に気候変動（地球温暖化）に関する最新の科学的知見及び影響に関する知見を整理すると、

1）気候変動に関する科学的知見
- 地上の平均気温は 1860 年と比較し 0.74℃上昇。その多くは 20 世紀に上昇した。
- 過去 50 年にわたる温暖化の多くは人為起源に起因する。
- 温暖化対策がなされなければ、21 世紀における気温上昇は最大 6.4℃に達する。
- 気温上昇により大気の運動が活発化し、異常気象が起こる可能性が高い。
- 海面上昇は、気温安定化後も何百年も続き、多くの地域が水没する。
- 新しい植林の CO_2 吸収効果は小さい。

2）気候変動の影響に関する知見
- 気候変動はすでに進行しており、動植物等の従来の生存パターンが大幅に変化する。
- 熱帯地域の穀物生産量は大幅に減退し、飢饉が起こる。
- マラリアなどの病気がヨーロッパや北アメリカに再び広がる。
- デルタ地帯や沿岸低地域、島嶼地域などで、海面上昇により家を失う人々が多数に上る。
- 水循環が変化し、洪水、干ばつとして現れる。
- 気候変動による災害の経済的損失は 400 億ドル、1950 年代から 90 年代に 10 倍に増加、今後さらに増大する。

となり、間違いなく地球温暖化が進んでおり、その原因は人間活動による

ものであることを明記している。地球温暖化による自然生態系の破壊や人間の健康への直接的影響など、自然環境や生活環境に広範で深刻な影響を及ぼすことは必至である。

3−2−3．温室効果ガス排出削減対策

　地球温暖化の防止のためには、究極的には大気中の温室効果ガス濃度を安定化させる必要があり、世界的規模での温室効果ガス排出抑制のための取り組みが重要である。

　国際的取り組みの一環として、1997年12月に京都において開催された気候変動枠組み条約第3回締約国会議（COP3）において、温室効果ガス排出量に関し法的拘束力のある数値目標を初めて設定した京都議定書が採択された。京都議定書では、温室効果ガスとしてCO_2やメタンなど6種を規定し、基準年の1990年に対する2008～2012年の排出削減量（CO_2に換算）を、日本6％、米国7％、EU8％などとしたが、削減の対象は先進国のみであった。しかしながらその後、CO_2の最大排出国である米国が離脱し、ロシアの批准が遅れたことなどから議定書が発効したのは7年以上経過した2005年であった。なお京都議定書では、削減義務を負う先進国の排出量は、世界全体の排出量の30％程度に過ぎないこと、温室効果ガスの大量排出国である中国（現在世界第1位）やインド（同第4位）など発展途上国には削減義務が課されていないことなど、京都議定書の効果や削減方針を疑問視する意見もある。

　さらに問題なのは、温室効果ガスの削減が、削減を義務づけられた多くの国で順調に進んでいるとはいえないことである。京都議定書の第一約束期間である2008～2012年の中間年である現時点においても、米国、カナダ、日本などの排出量は、削減するどころか1990年より逆に増加した結果となっている。

　京都議定書以降の温室効果ガスの削減ルール（ポスト京都）が、2009年12月にデンマークのコペンハーゲンで開催されたCOP15で議論されたが、先進国と中国を中心とした途上国グループとの間の溝は深く、新議定書の採択はおろか、政治的合意さえ得ることができなかった。

3－2－4. CO_2 量：重さのイメージ化[8]

地球温暖化防止のために CO_2 の排出削減が求められている。しかしながら、書物や新聞、テレビなどで CO_2 量を表現するのに、

> ☆大量の場合（例えば、世界や日本の排出量）
> 「人類が化石燃料の消費によって毎年排出する二酸化炭素の量は、二酸化炭素換算で約 260 億トン、自然が年間に吸収できる二酸化炭素の量は、約 110 億トンと推定されています」（平成19年度版環境白書）
> ☆少量の場合（例えば、環境家計簿）
> 電気 1kW/h 当たりの二酸化炭素排出量は 0.36kg、
> ガソリン 1ℓ 当たりの二酸化炭素排出量は 2.3kg です。

といったように、大量の CO_2 量を表すのには「億トン」、一方、生活の中で生じる身近な CO_2 の排出量を表すのには「kg」が通常用いられている。しかしながら、CO_2 や空気など気体の重さを kg で言われても、ましてや億トンなどと言われると、それがいったいどの程度の量であるかを想像することはきわめて難しい。

1997年の COP3 以降、国や地方自治体、産業界等では各種温暖化防止対策を打ち出してきたにも拘わらず、その後 CO_2 排出量は減少するどころかさらに増大し、国民の間に CO_2 削減に対する切実感が芽生えたとは思われない。その原因の一つに、CO_2、○○kg、○○億トンといった、その量をイメージできない表現法にあるのではないだろうか。

そこで、読者の皆さんと気体の重さについて考えてみることにする。まず、以下の3つの問に直感で解答してください。

<u>問1</u>：1メーター四方（1 m³ = 1000ℓ）の CO_2 の重さは、次のどれと同じ位と思いますか？
①お米1粒（約 0.02g）、②りんご（約 500g）、③大玉メロン（約 2kg）

問2：空気1m³中に存在する二酸化炭素（現在、約390ppm）を片隅に集めたとすれば、どの程度を占めると思いますか？
①1.5cm四方＝1.5×1.5×1.5cm³、②7cm四方、③15cm四方

問3：ガソリン1リットルで約10km走ったとき、約2.3kgのCO_2を排出します。現在のCO_2濃度（390ppm）では、小学校の教室に換算すると、何教室分に相当するCO_2量を排出すると思いますか？
①小学校の教室の約1教室分、②約8教室分、③約16教室分

答え：質問1：メロン約1.96kg、質問2：約7.3×7.3×7.3cm³、質問3：約16教室分（3100m³）

質問3の場合、通常の表現では、「ガソリン1リットルを使うと約2.3kgのCO_2を排出する」となるが、その量を実感することはできない。「ガソリン1リットルで約10km走れば、小学校の16教室に存在するCO_2量とほぼ同量のCO_2を排出する」といえば、車からのCO_2の排出量がどの程度か実感できるのではないだろうか。地球温暖化防止の推進においては、身近で分かり易い表現・説明、「見える化」が重要である。

筆者は講義や講演の際、1m角の骨組みと問題で出てくる各サイズの正方形カラーボックスを手にして、上記質問をすることにしている。答えはばらつき、必ずしも正解は多くない。ガス（気体）の重さの概念をつかむのが難しいためと考えられる。「空気って重さがあるの？」というのが多くの人の実感であろうが、眼を通して記憶に残した情報は忘れない、「百聞は一見に如かず」でしょう。

3－2－5．CO_2量を計算してみよう[8]

ここでは気体の体積と重さの関係について考える。物質はその物質を構成している元素の組み合わせである化学記号により表され、その分子量は成分を構成している原子量（図表10）の和として表される。

例えば水蒸気（水、H_2O）は、図表11にみられるように水素原子2個と酸素原子1個からなり、図表10からその分子量は水素の原子量2個分（1

元素名	元素記号	原子量
水素	H	1
炭素	C	12
窒素	N	14
酸素	O	16
硫黄	S	32

図表10　主要元素の原子量

化学物質	化学記号	分子量	1m³当たりの重さ
二酸化炭素	CO_2	12+16×2=44	1.96 kg
二酸化硫黄	SO_2	32+16×2=64	2.86 kg
水蒸気(水)	H_2O	1×2+16=18	0.80 kg
空気	O_2 21% N_2 79%	32×0.21+28×0.79=28.84	1.29 kg

図表11　主要気体物質の分子量

×2)と酸素の原子量1個分（16×1）を足した18となる。同様に二酸化炭素（CO_2）の分子量＝12＋16×2＝44となる。分子量にグラム（g）をつけた物質量を1モルというが、気体であればどんな物質でも1モルは、標準状態（0℃、1気圧）では常に22.4ℓとなる。

分子量（原子量の和）g＝1モル＝22.4ℓ（0℃, 1気圧）
分子量（原子量の和）kg＝1kモル＝22.4m³（0℃, 1気圧）

以下4つの問4～7に挑戦してみて下さい。

<u>問4</u>：CO_2 1m³の重さ：CO_2は1モル44gが22.4ℓであり、1m³＝1000ℓに換算すると1.96kgとなる。

<u>問5</u>：空気1m³の重さ：空気は窒素、酸素、アルゴン等の混合気体である。今、空気の体積組成比を酸素21%、窒素79%とし、1モル22.4ℓ当たりについて考えてみる。酸素O_2が100%ならば16×2＝32gとなるが、実際には21％しかないので32×0.21＝6.72g、また窒素N_2は79％だから14×2×0.79＝22.12gで、合計28.84gとなる。すなわち、空気の見かけ上の分子量は28.84ということができ、1m³当たりに換算すると標準状態では1.29kg

となる。なお、分子量が 28.84 より小さい気体は空気より軽く、大きい気体は空気より重いことを意味する。

問 6：億トン単位の CO_2 量：世界の国々から 1 年間に排出される CO_2 約 280 億トン（2006 年）はどの程度の量か、実感できる形で表現してみよう。

まず、地球の表面にある CO_2 量と比較してみる。現在 CO_2 の地球規模での平均濃度は約 390ppm（ppm は 100 万分の 1 ＝ 10^{-6} を意味する）であるから、地球表面から 1 m の高さ以内に存在する CO_2 量は、表層から 1m 内の CO_2 の体積＝地球の表面積（$4\pi r^2$）×高さ×濃度

（地球の半径 r ＝ 6.37×10^6m）

= $4\pi \times (6.37 \times 10^6 m)^2 \times 1m \times 390 \times 10^{-6}$

= $1.99 \times 10^{11} m^3 - CO_2$

= $3.90 \times 10^{11} kg - CO_2$（質問 4 より、1$m^3$=1.96kg）

= 3.90 億トン

となる。したがって、世界から 1 年間に排出される 280 億トンは、地球表面からおよそ 280/3.90 ＝ 71.8m 以内に存在する CO_2 量に相当することになる。

逆に、大きな容積を代表する東京ドーム 1,240,000m^3 中に存在する CO_2 の重さは、

東京ドーム内の CO_2 の体積＝ 1,240,000$m^3 \times 390 \times 10^{-6}$ ＝ 484m^3 CO_2 の重さ＝ 948kg － CO_2

となる。

問 7：ガソリンの CO_2 排出量（前述問 3）：ガソリン 1 ℓ から排出される CO_2 量を計算しよう。ガソリンの比重を 0.73、炭素 C の重量比率を 87％とすると、1ℓ のガソリンに含まれる C の重さは、

$1 \times 0.73 \times 0.87 = 0.635$kg － C/1$\ell$ gasoline

C(12kg) ＋ O_2 → CO_2(44kg)

で、炭素 12kg から CO_2 が 44kg 発生することから、排出される CO_2 の重さは、

$0.635 \times (44/12) = 2.32\mathrm{kg} - CO_2/1\ell\ \mathrm{gasoline}$

　CO_2の億トン、kg を少しでも実感することができたでしょうか。ここで述べた気体の最も基本的な量としての分子量、体積、重さの関係は、気体の性状などに関する多くの問題に応用でき、気体に関する理解をより深めることができるでしょう。

4. 将来世代に優しい地球・環境を引き継ぐために

4－1. 将来の人口とその構成は？

　18世紀の産業革命により、人類はエネルギーをより有効に利用することができるようになり、人々の生活に便利さとゆとりができた。その結果世界人口は、産業革命前の約6億人から1800年には10億人、1900年に20億人、1987年に50億人、そして現在の約70億人へと急激に増加し、2050年には92億人に達すると予測されている[4]。

　一方、わが国の人口は、江戸時代にはおよそ3,000万人台で推移していたが、図表12[9]に見られるように明治時代以降急速に増加し、2004年12月にはピーク人口の1.278億人に達し[10]、以後減少に転じた。今後はさらに減少傾向が続き、特に団塊世代が寿命を迎える2030年以降は急速に減少し、中位推計（出生、死亡とも中位）によれば、2050年には9,500万人、2100年には4,800万人程度にまで減少し、低位推計（出生低位、死亡高位）の場合には、江戸時代とほぼ同じ3,900万人程度にまで減少すると推計されている。

　人口に関連した重要因子としては、人口数以外に平均寿命や年齢構成がある。2009年の日本人の平均寿命は、男性が79.59歳、女性が86.44歳で世界の最長寿命国である[11]。なお参考までに、平均寿命は国勢調査に基づいて計算されることから、昨今問題となっている住民登録・台帳上の高齢者、超高齢者の所在不明問題は平均寿命には基本的に関係ないことになる。平均寿命の延び、さらには最近顕著な少子化傾向は、当然のことながら老年人口（65歳以上）の増大、生産年齢人口（15～64歳）と年少人口（0～14歳）の急速な減少を意味し、65歳以上人口比率は2050～2100年には40%

図表12

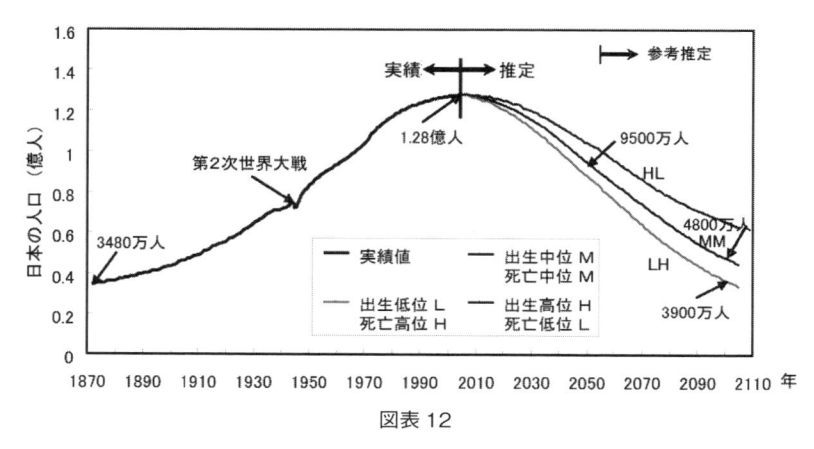

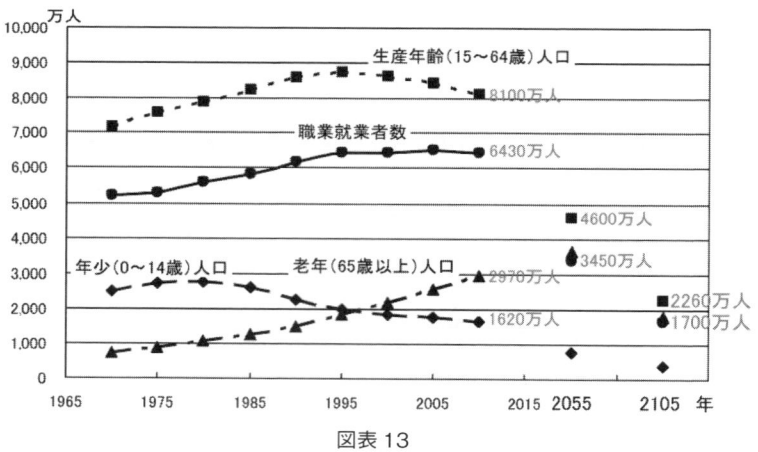

図表13

台に達するものと推定されている[9]。

　また、職業従事者数は、図表13に見られるように生産年齢人口のおよそ75％に相当する。このまま推移すれば、2100年頃には職業従事者数は、現在の6430万人からおよそ1/4の1,700万人にまで減少すると推定される。現在でも高齢化に伴い、福祉・看護・介護のニーズが急増（介護・福祉関連従事者数は、老人分野を中心に1993年71万人から2005年には328万人に増大）し、人材不足のためフィリピンやインドネシアなどから、就労

者を受け入れていることは周知のことである。

極端なまでの少子・高齢化社会を迎えるにあたり、労働力不足や高齢者の雇用、医療・介護、社会保障などが、今後さらに大きな問題となることは必至である。

4−2. 人口減の中での将来の社会・環境のあり方

前述したように、今後日本の人口、中でも生産年齢人口（職業従事者）が急減する一方、少子・高齢化による医療・介護分野等での従事者数が急速に増大し、各分野での労働力不足が大きな問題となると考えられる。

戦後、高度経済成長を背景に、大型建造物である鉄道や道路、空港、ダムなどが次々と建設され、社会基盤整備が進み安全で快適な社会を築くとともに、雇用を生み出し日本の経済を支えてきた。一方、これらの建設においては多大な税金が投入され、多量のエネルギーを消費し、大量の CO_2 や環境汚染物質を排出してきたことから、建設そのものの是非や地域社会・環境の破壊などの面からの反対も少なくなかった。また最近になり、事業を成立させるための、計画段階での「過大な需要予測」と「経費の過小な見積り」が多々指摘されている。

以下、いくつかの大型建設事業の現状をまとめた。

1）鉄道

わが国の鉄道の経営主体としては、JR、地方公共団体、私鉄、第3セクターの4つがあるが、2009年12月時点における総営業キロ数は2.74万km（内JR2.00万km）、旅客輸送量は約4,050億人・キロ、貨物輸送量は約223億トン・キロであった。貨物輸送が主体の多くの国とは異なり、旅客中心の高密度輸送が特徴である[12]。

過大評価予測の一例をあげる。近年に建設された名古屋周辺の鉄道においても、桃花台線ピーチライナー（事業計画の1日3.1万人に対し利用者はその7%）、あおなみ線（2004年開業時、事業計画の1日6.6万人に対し利用者は1.8万人）など、過大な需要予測は半端ではない。

2）道路

日本の道路の総延長は、2010年4月時点で126万km、未供用や重複など

を除いた実延長は120万kmである[13]。また、政府は1987年に「安全・安心・快適な暮らし」のため、1.4万kmに及ぶ高規格幹線道路を整備することを決め、2010年の進捗状況は約70％の9,834kmである[14]。

東京と千葉を結ぶアクアライン（事業計画の1日3.3万台に対し利用率は現在約40％）、本州と四国を結ぶ3つの本州四国橋は、初期の交通需要予測はいずれも大幅な過大で2008年に交通需要予測を下方修正、など鉄道と同様道路についても過大な需要予測が明らかとなっている。

3）空港

現在わが国には、国内・国外航空輸送網の拠点となる拠点空港が29（会社管理＝成田、中部、関西の3、国管理＝羽田など21、特定地方管理5）、離島を中心とした地方管理空港54、自衛隊・在日米軍との共用空港7、その他12の合計102空港がある[15]。

需要予測の検証が可能な75空港について、2008年の予測/実績が検証された。需要予測を上回ったのは8空港、実績が予測の30％以下であった空港は9か所に上った（2010/3 国土交通省）。改良新需要予測手法に基づいた北九州、青森、神戸の3空港についても、需要予測を20～60％程度も下回った。全国で空港の需要予測を手掛けてきた財団法人運輸政策研究機構が、「機構自らの予測の多くが過大だった」と認め、その背景について、空港建設を進めたい国の意図に配慮し、また地元業者の期待を裏切らないようにするため、過大な数字を出してしまう現実があると言明した。

4）ダム

ダムについては、明治時代以前に建設された356ダムを含め、2009年までに竣工されたものは2,715ダム、2010年以降竣工が予定されているものが160ダムである[16]。

「箱ものから人へ」をキャッチフレーズに民主党政権は、全国で建設中または計画段階にあるダムの143事業すべてについて、事業の継続が妥当かどうか見直しを行う方針を出したことは記憶に新しい。ダムには、洪水調節、農地防災、かんがい用水、上水道用水、発電など多種多様な目的・機能がある。見直しに当たっては、将来世代のニーズも考えた十分な検討が望まれる。

5) リニア中央新幹線 [17,18]

　現在、JR 東海は 2025 年開業を目指して東京と名古屋を結ぶリニア中央新幹線計画を進めている。リニア計画は、最終的には東京・大阪間を超電導リニアモーターカーにより、時速 500km、所要時間 70〜80 分で結ぶ計画となっている。すなわち、現東海道新幹線に比べ 75〜65 分短縮されることになる。建設費は 7.7〜9.2 兆円、車両費は 0.6〜0.7 兆円（2002 年度単価）である。JR 東海では、今後の経済成長率をパラメータとして、2020 年の利用者数を図表 14 のようにおよそ 254〜345 億人 km/年と予測し [17]、また最近には 2045 年の利用者数をルート別におよそ 2020 年の 30％増である 400 億人 km/年と推定している [18]。くれぐれも過大な需要予測ではないことを願いたい。また、図表 15 に示したように、リニアモーターカーの新設により旅客が航空機からリニアに移り、結果的に CO_2 の排出量を年間 20 万トン削減できるとの推定結果を出している。

　資料からは、リニア新設により新幹線利用者のおよそ半数がリニアに移り、ほぼ全ての航空機利用者がリニアに移行すると仮定したものと読み取れる。仮定が明らかでないため利用者数や CO_2 排出量削減効果の予測を評価することは難しいが、資料からは少なくとも環境影響予測において、リニアの建設や保守のために必要な、膨大な CO_2 排出量については含めていないものと思われる。エネルギー量や環境影響評価は、利用の時点のみならず、他への波及効果も含め、ライフサイクル全体を通して総合的に評価しなければならない。

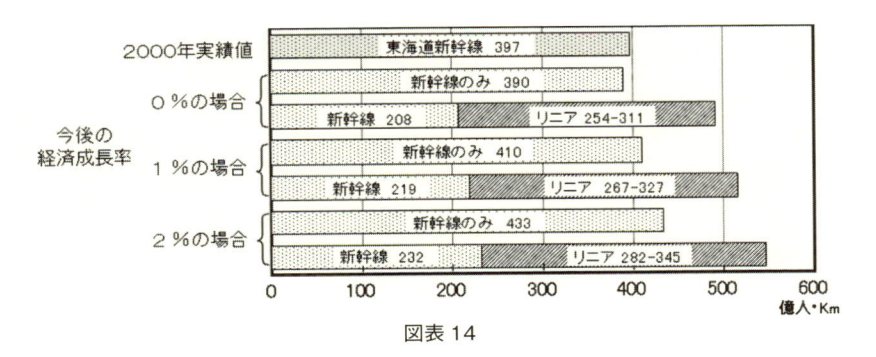

図表 14

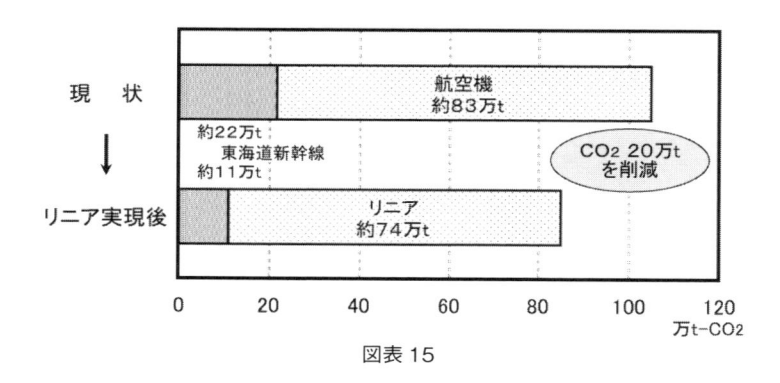

第 2 章　将来世代へ優しい社会・環境を

図表 15

現状
- 航空機 約83万t
- 東海道新幹線 約11万t
- 約22万t

リニア実現後
- リニア 約74万t
- CO₂ 20万t を削減

(横軸: 0, 20, 40, 60, 80, 100, 120 万t-CO₂)

　鉄道では現有の在来線、新幹線に加えリニア中央新幹線まで新設されれば、人口が現在の 1/3 にまで激減する 2100 年、これらの鉄道需要・利用形態はどのようになっているのであろうか。

　以上、鉄道、道路、空港、ダムの現状、リニア新幹線計画を整理した。過大な需要予測・過小な経費の見積りによりマスタープランが正当化され、事業化が承認され、工事が終了し、いざ供用化されると、需要も経費も予測とは大きく異なることが判明する事例は少なくない。そして近年になって、供用され始めたほとんどの交通基盤施設において、供用後明らかになった需要が予測を大きく下回り、需要予測に対する社会的信頼が大きく揺らいでいる[19]との指摘もなされている。また、空港、道路、鉄道などの大型基盤施設は、本来的には 50、100 年と長期に利用することが前提でなければならないが、需要予測においては、せいぜい 10 年、20 年先の予測をしたものがほとんどであり、人口が大きく減少する 50 年後、100 年後における利用形態など（需要予測は経済、社会の変動が予測できないから無理な面はあるが）について考慮したものは全く見当たらない。人口の激減が予想される中、長期的な視点に立った企画・計画がきわめて重要である。

　一方、これらの設備、施設を安全かつ快適に利用するためには、どれほどの数の人々が携わっているのであろうか。鉄道、自動車、航空機等、交通機関は安全のための保守・点検は不可欠である。労働者数が現在の 1/4

近くになると推定されている21世紀末、自動化技術の進展や海外からの多くの労働者の受け入れ等を考慮しても、これらの設備、施設を維持・活用していくためには、建造物の供用や施設の維持・保守・点検に伴う労働力等々人材面からも、将来世代に大きな負担を強いることは明らかである。

5. おわりに

本稿では、20世紀の科学技術の発展、その結果としての地球環境問題、そして人口が激減すると予想されるわが国において、持続可能な社会を構築するための社会基盤のあり方について、地球温暖化問題を中心に考えた。

今までに多くの大型公共事業が進められ、多大な効果をもたらしたものもあるが、多くの問題を抱えた事業も少なくない。需要予測はマスタープランを正当化するが、需要予測が意図的であれば、将来世代に大きな負担を残すことは必至である。鉄道や道路などの建設においては、建築資材の寿命とともに、人口動態など需要動向を含め、少なくとも50～100年後を見据えた需要予測が必要である。人口が減少するこれから、新たな建設より「どれを残すか、何に維持コストをかけるか？」がより重要となろう。

現在の人々の欲望を満たすための計画が、エネルギーを多量に消費し、環境を破壊し、さらには経済的にも社会的にも人材的にも将来世代の人々に大きなツケ（雪ダルマ式に膨れ上がる債務）を回し、老朽化した施設の維持・管理を一方的に押し付けるのでは、Sustainable Developmentの精神に大きく反することになる。想像力が乏しく、夢のある「21世紀の予言」を提示することはできないが、「将来世代へ優しい社会・環境」を引き継ぐための努力を続けたいと考えている。

参考資料

1）文部科学省：平成 17 年度版科学技術白書、p.7（2005）．
2）笠原三紀夫：エネルギー新時代に向けて、環境システム計測制御学会誌、8,1,1-6（2003）．
3）経済産業省：エネルギー白書 2010、p.156（2010）
4）国連人口基金 HP、http://www.unfpa.or.jp/
5）国立環境研、地球環境研究センターニュース、Vol.18
6）環境省：平成 19 年版環境・循環型社会白書、第 2 部第 1 章第 1 節（2007）
7）気候変動に関する政府間パネル（IPCC）第 4 次評価報告書第 1 作業部会報告書（2007）
8）笠原三紀夫：エネルギーと環境の疑問 Q&A50、丸善、p.74-77（2008）
9）国立社会保障・人口問題研究所、日本の将来推計人口（平成 18 年 12 月推計）、http://www.ipss.go.jp/syoushika/tohkei/suikei07/index.asp
10）総務省統計局：各月 1 日現在人口（2009/10）、http://www.stat.go.jp/data/jinsui/2.htm#01
11）厚生労働省、報道発表資料：平成 21 年簡易生命表の概況（2010.7.26）、http://www.mhlw.go.jp/toukei/saikin/hw/life/life09/index.html
12）http://www.japanrailpass.net/images/map_ja.pdf
13）（独）日本高速道路保有・債務返済機構 HP：http://www.jehdra.go.jp/pdf/344.pdf
14）国土交通省東北地方整備局 HP：http://www.thr.mlit.go.jp/tohokunet/highway/kousoku/kousoku04.html
15）国土交通省 HP：http://www.mlit.go.jp/koku/04_outline/01_kuko/01_haichi/
16）ダム便覧 http://damnet.or.jp/cgi-bin/binranA/Syuukei.cgi?sy=syunkei
17）リニア中央エクスプレス建設促進期成同盟会 HP：http://www.linear-chuo-exp-cpf.gr.jp/index.html
18）国交省交通政策審議会陸上交通分科会鉄道部会資料・資料 4-1「中央新幹線ついて」、(2010.3.3)、p.15（2010）
19）福本潤也：交通基盤施設整備における需要予測と社会的不信、国際交通安全学会誌、Vol.31、No.1、6-14（2006）

第3章
持続可能性に向けた技術開発と技術融合

鵜野公郎

1. 序

　地球の資源面・環境面での有限性が誰の目にもはっきりと分かってきたこと、そしてその結果、大量生産・大量消費システムによる経済発展に疑問が起こってきたこと、これが現在の歴史的状況である。これまでの経済発展の中心的方向は、生産の大規模化、工程の連続化、信頼性の向上、情報通信技術の取り込み、低価格化などにあった。より多く、より早く、より精密に、という技術進歩の方向は技術そのものが内包していたということができよう。そしてそのことを大前提として研究・教育は学問領域ごとに発展してきた。

　交通通信技術の発展と自由市場経済の拡大によって、財貨、資本、技術が国境を越えて世界的に流通している。資本が世界を自由に動くことは、発展の可能性が高い地域に資金が流入し投資されることを意味する。中国、東南アジア、インドなど特にアジア・太平洋における経済成長は、資本の国際的移動が盛んになったことと、技術の国際的な移転が促進されているこ

とがあいまって、著しく加速していることは周知の通りである。経済発展を継続し貧困を克服することの重要性は依然として高いものがある。持続可能な経済社会システムを構築する必要がある一方、省エネルギー・低環境負荷を可能にする生産方法や生活様式をつくりあげなければならない、という認識が世界的に高まっている。

　大学が専門性を深く掘り下げることは当然である。しかし、持続可能性が問われている現在において、アジア・太平洋におけるアカデミック・コミュニティーの社会的責任は持続可能な経済社会システムを組み上げることである。技術開発と技術融合が期待される。そのために、専門性に加えて、隣接諸科学との横断的なコラボレーションをおこなうことがこれまでに増して必要となっている。これが今日われわれ科学者の置かれた歴史的な位置である。

2．持続可能性の挑戦とテクノロジー

　クリストファー・フリーマンは、サセックス大学科学政策研究所の教授であったが、技術変化と経済成長に関するほとんどの新古典派理論とケインズ理論は、時代それぞれにおけるテクノロジーの変化の特徴を把握できていないという弱点を指摘している。彼は、その点を改善するため、（１）増分的イノベーション、（２）根本的イノベーション、（３）新技術システム、（４）技術パラダイムの変化を区別することを提案する。

（１）増分的イノベーション：これらのイノベーションはいかなる産業活動やサービス活動においても多かれ少なかれ連続的に発生する……これらのイノベーションは、計画的なR&D活動の帰結としてよりはむしろエンジニアや生産過程に直接携わっているその他の人々によって示唆された発明や改善の結果として、またユーザーによる発案や問題提起の結果として、しばしば発生しうる（ラーニング・バイ・ドゥーイング、ラーニング・バイ・ユージング）。
（２）根本的イノベーション：根本的イノベーションは不連続な事件であ

り、近年ではふつう企業か大学や政府の研究所での計画的な R&D 活動の結果である……根本的イノベーションのクラスター全体が、合成物質産業や半導体産業のような新しい産業やサービスの興隆と結びついている。根本的イノベーションが投入－産出表の新しい列や行を絶えず要求するのに対して、増分的イノベーションは単に係数を変化させるにすぎない。

（3）「テクノロジー・システム」の変化：これらは、経済の一つあるいはいくつかの部門に影響を与えたり、まったく新しい部門を生じさせるような技術の広範な変化である。それらは、根本的イノベーションと増分的イノベーションの結合に基づき、一つや二つではなくそれ以上の企業に影響を与える組織上・経営上のイノベーションを伴う。

（4）「テクノ・エコノミック・パラダイム」の変化（「技術革命」）：技術システムの変化の中のあるものの効果は非常に広範にわたるので、それらは経済全体の動きに大きな影響を与える。この種の変化は数多くの根本的イノベーションや増分的イノベーションのカタマリを伴い、やがて多くの新しい「テクノロジー・システム」さえ内包する。新しい「テクノ・エコノミック・パラダイム」の発展は、技術者、経営者にとっての新しい「実践的に最善の（best practice）」1 組の規範と習慣を含み、それは多くの重要な点において以前の優勢なパラダイムと異なっている。

　彼の指摘は、技術変化の性質とその社会経済的実体に対する深い洞察として、十分理解することができる。しかし、彼が一技術進歩は技術の内側から起こるもので、一つの分野の知識を論理的に拡張することが一層高いレベルにおける精緻化に至るとしているという意味で、今や一方的であると私は考える。技術進歩が持続可能性のチャレンジによって推し進められるという、新しい状況に置かれている、と考えた方が良い。この状況は明らかに既存の知識のカタマリから生じているというよりも、科学の領域に対してその外部から要請されているものである。こうしたことから、持続可能性に対して適切な対応をとる上で、学問領域に沿った科学的探究の有効性が減少している、あるいは全く有効ではない、という状況をもたらしている。こうした状況のもとにおける技術進歩の成功は生産性の向上とし

ては記録しえないものであるかも知れず、持続可能性に対する生産や消費の望ましくない波及効果を防止するのに貢献するものであるかも知れない。

フリーマンは続けて、彼がなぜ「テクノロジー」ではなく「テクノ・エコノミック」という表現を使うかを説明している。「対象としている変化は特定の製品あるいはプロセスに関する技術的な発展経路を越えて、システム全体におよぶ投入コスト構造と生産ならびに分配の条件に影響を及ぼす……技術者、設計者、経営者にとって支配的な影響を及ぼすものとして定着すると、何十年かにわたり「テクノロジカル・レジーム」となる……「パラダイム」変化という場合、最も生産性が高く最も利益が上がる、既存の技術上・経営上の常識の根本的な変革を指している。

ここでは彼は一方向の流れ（すなわち、テクノロジーから経済へ）から双方向の流れ（テクノロジーから経済へ、そして経済社会からテクノロジーへ）あるいはシステム全体の組み換えを示唆しているのであり、それがまさに私が技術開発と技術融合に関する上の議論で指摘したかったことなのである。正確にいうと、産業革命以来一般化した生産（そして消費）による環境破壊に対する社会的反応がテクノ・エコノミック・パラダイムを変化させているのである。資源の枯渇と廃棄物や温暖化ガスの排出は今や広く認識されており、持続可能性のチャレンジに対応するために、新しい思考方法、新しい生産と消費のやり方が求められている。こうした状況は、環境の投入と環境への排出に対応して、システムとして捉える範囲を拡大することにより、明示的に把握することができる。

経済学的な枠組みのなかでの環境の取り扱いを説明しておきたい。「産業連関分析（投入産出分析）は、その論理構造ならびに物質バランスという物理的な概念と整合的であるということから、将来の経済と環境に関する選択肢を評価するためのモデル構築にあたって有望な基礎となりうる」（Finn R. Førsund, 1985）産業連関分析の枠組みをいくつかの国についてリンクすることによって国際的な投入産出関係を明示することができる。1990年以来、アジア国際産業連関表が作成されている。（Institute of Developing Economies, 1998）この枠組みではアジア各国間においてある国の産業が生産をおこなうためには他のどの国からのインプットが必要であるかを知る

経済構造 ＝ 産業連関表、投入産出表(Input-Output Table)

	農業	工業	サービス業	：消費、投資、輸出
農業				
工業				
サービス業				
生産要素の投入 （付加価値）： 労働・ 資本（機械設備）				

図表 1

ことができる。（図表 1 参照）

「一般に、廃棄物排出マトリックスはいろいろな国民経済的な多部門成長モデルに結合して種々の成長経路の公害面での結果を追うことが可能である。消費者は人造のモノと環境サービスの双方から効用を得ている」「環境汚染の分野での実証的な努力は次の主要項目にそって整理することができる。

（ⅰ）生産活動の規模および生産活動による産出の部門構成（アウトプット・ミックス）、
（ⅱ）生産活動への投入構成（インプット・ミックス）、
（ⅲ）生産と消費のプロセス技術、
（ⅳ）製品の特性、その耐久性を含む
（ⅴ）1 次的な残余の変更または廃棄物処理（後付け型「エンド・オブ・パイプ型」の処理）、
（ⅵ）残余のリサイクル、
（ⅶ）生産活動の位置」

「これには残余の放出を受ける側の環境構成要因の中における自然のプロセスと関係がある。例えば、希釈、腐敗、分解、他の受け手への移動、残

余の変形処理などである」(Finn R. Førsund, 1985)(図表2参照)

　さらに可能な場合には、環境に対する残余のアウトプットを経済システムにリサイクルすること、あるいは例えば排出権取引によって、ループを閉じることができる。それぞれ、物理的に閉じること、金銭的に閉じることに対応している。(Finn R. Førsund, 1985)例えば京都議定書では、環境への排出を金銭的に評価し排出枠を超える排出には金銭的な支払いを求め、枠を下回ることができる新しいテクノロジーを使用している場合には金銭を受け取ることができるという、国際的な擬似的市場を通じたインセンティブ・システムが考えられている。(図表3参照)
　このような場合、技術進歩の主要な動機は明らかに技術そのものから発しているのではなく、技術的な可能性と持続可能性チャレンジとの相互作用によって技術変化の方向付けがなされているのである。テクノ・エコノミック・パラダイムを変革するというニーズに適切に対応するためには、多数のテクノロジーや多数の学問領域の一層細密な分業に頼ることではもはや不十分である。異なる技術クラスターの間の情報交換が重要となっている。これが私が、明確に区分された学問領域を超える持続可能性チャレンジに適切に対応するための、技術融合(technological fusion)と呼ぶものである。
　マイケル・ギボンズはモード2という言い方で例を示している。「われわれは、モード2がモード1に置きかわると考えるわけではないが、ほとんどすべての側面についてモード2はモード1とは異なるものと考える。新しいモードは、アプリケーションのコンテクストのなかで機能するものであり、ディシプリンの枠組みのなかで問題が設定されるのではない。単一のディシプリンやマルチディシプナリではなくトランスディシプナリである。知識生産は、非階層的で非均質的に組織された形態でおこなわれ、その組織は本来、一時的なものである。それらは、大学の構造のなかに制度として一義的に位置づけられるものではない。モード2では、知識生産のすべての過程で多数のアクター間に緊密な相互作用がある。そのことは、知識生産がより社会的なアカウンタビリティをもつことを意味している……

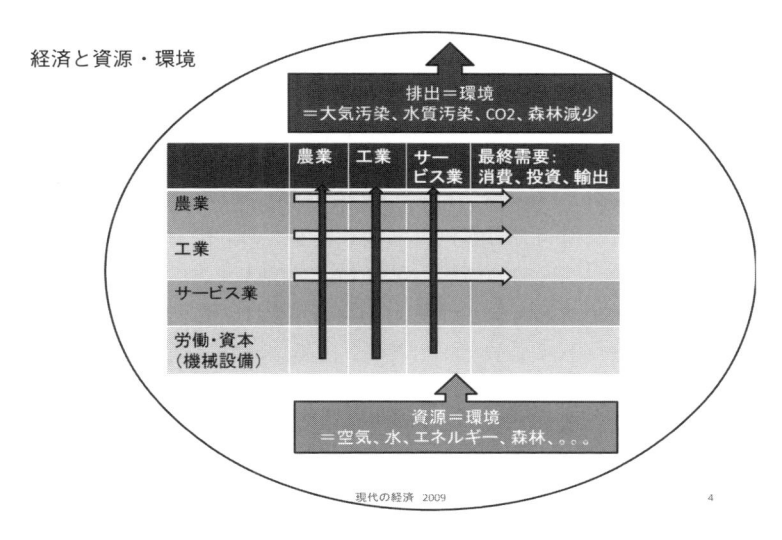

第II部　環境とサステナビリティを考える

経済と資源・環境

図表2

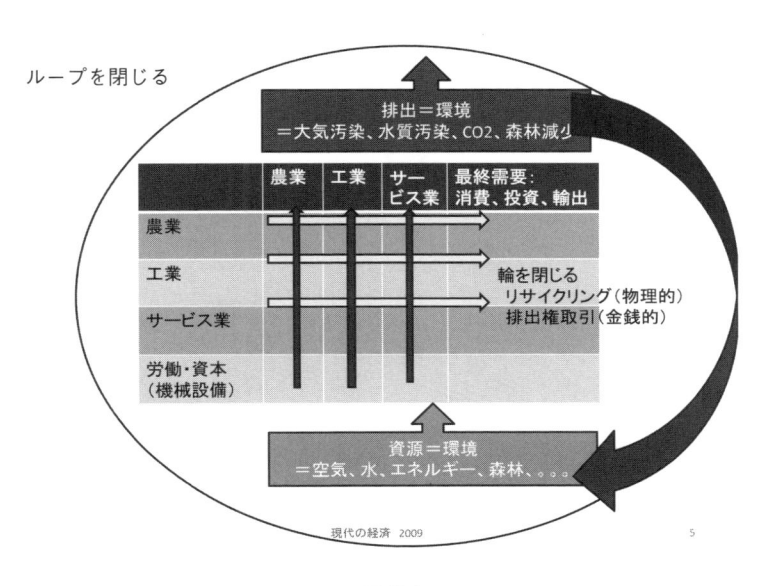

ループを閉じる

図表3

全体として、知識生産のプロセスは自己言及的になり、なにがよき科学とみなされるべきか、という点にも本質的なレベルで影響を及ぼす」（ギボンズ、『現代社会と知の創造モード論とは何か』）。

　ギボンズの著書の用語解説にはモード1とモード2の一層正確な定義が示されている。
モード1：科学におけるニュートン・モデルのさまざまな研究領域への伝搬を統制し、健全な科学実践と考えられるものへ従うことを確保するように発達してきた概念、方法、価値、規範の複合体。
モード2：アプリケーションのコンテクストで実施される知識生産であり、トランスディシプリナリティ、非均質性、組織の非階層性と一時性、社会的アカウンタビリティと自己言及性（自分の持っている価値観を観察や分析に投影する、との意味）、コンテクスト依存、利用依存を強調した品質管理、などの特徴をもつ。社会における知識の生産者と利用者がともに（並行して、の意味）拡大した結果として登場した。

3．大学の役割の変化

　問題は、われわれの言葉で「技術の融合」とよぶものに、われわれの大学制度が適合しているかどうかである。「モード2では、フレキシビリティとレスポンス・タイムが決定的要素となる。そのため、問題にとりくむために動員される組織のタイプはたいへん多様になる。モード2の扱う問題の変化しやすく一時的な性質に適応して、新しい組織編成が登場する。モード2の性質上、研究グループはしっかりと制度化されることはない。人々は一時的な研究チームとネットワークに一緒に参加するが、問題が解決されたり、設定され直したときには研究チームやネットワークは解消する。メンバーは別の人達からなる別のグループに、ときには別の場所で、別の問題のために組み直されることになる。この離合集散の経験は、貴重な能力を育み、新たなコンテクストに移転されるのである」

　アルビン・トフラーは、工業化が進展し経済成長が継続したことを受けて世界（少なくとも当時工業化していた地域において）が次の段階へ踏み

出す用意が整った、1970年代の未来学者である。彼の見解は『第3の波』に凝縮されている。「人類は、これまでに2度、巨大な変化の波を知った。2度とも先行の文化と文明を拭い去り、それまでの人間には想像もできない新しい生活の戸を開いた。第1の波、つまり農業革命は、完成するのに数千年かかった。第2の波、産業文明の興隆は、わずか300年で済んだ。今日、歴史はさらに加速した。第3の波が歴史を洗い、波が消え去るのには数十年もかからないかもしれない。いずれにしても、この衝撃的な瞬間に地球に住みあわせたわれわれは、死ぬまでに第3の波を頭からかぶることになるはずである」

「いま流れているからといって、あるいは300年間流れ続けてきたからといって、これからも流れ続けていくという保証は何もない」「第2の波の文明は、問題を各要素に分解していく能力をやたらに重視したが、その要素を統合する能力のほうは、あまり大切にされなかった。たいていの人は、統合よりも分析が得意である。だから、われわれの考える未来は（そして未来のわれわれ自身の姿は）断片的でとりとめのないものになる。つまり、正しい未来像は描けない。われわれがいま実行しなければならないのは、各分野を専門的に見ていくことではなく、全体を総合的にとらえていくことである……今日、われわれは新しい統合の時代にさしかかっている。科学プロパーとも言うべき自然科学、社会学、心理学、経済学などのあらゆる学問分野において——とりわけ経済学において——大局的なとらえ方、総括的な理論展開、細部を統合していくという方法が、再び重視されるようになるだろう。前後を無視して一部分だけを取り出し、その細部を極端に重視したり、ごく小さな問題を微細に研究する方法が尊重されがちだが、それでは何もかもわからなくなるばかりである」

　アルビン・トフラーはその著書の中で3つのテクノロジー・クラスターに特に焦点を合わせている。（1）環境、（2）エネルギー、（3）情報、がそれである。

（1）環境に関して彼は「技術への反逆者」を応援する。「第3の波に移行するとき、われわれは一歩一歩、資源消費型、および第2の波時代に

使われた公害発生型の生産システムから脱皮し、「物質代謝型」体系へと進んで行かねばならない。その新しい体系では、一つの産業が生産したもの（アウトプット）、あるいは副産物として派生したものが、次なる産業の材料（インプト）となる。従って、確実に無駄と公害をなくすことができる。最終目標は、アウトプットがその下流の生産過程のインプットにならないなら、その生産はしないという体系である。その体系は、生産という観点からみてもずっと効率的だが、生物体系への悪影響を最小限に抑えるか完全になくすことができる。

（2）エネルギー：「第3の波は完全に一新された生活様式をつくる。その基礎になるのは多様かつ再生可能なエネルギー源である」「エネルギーは、新旧を問わずあらゆる文明の前提である。第1の波の社会では、そのエネルギーを、人間や動物のような生けるエネルギー源から得た。そうでなければ太陽であり、風や水だった。森は伐採されて煮炊きや暖房に使われた……それに反して第2の波は、エネルギー源を石炭、天然ガス、石油……再生不可能な化石燃料に求め始めた……この革命的変化は、文明がそれまでのような自然の『利息』で生きるのをやめ、自然の『元本』まで食うことを意味していた。」

（3）情報：「われわれは『通信共同体』へ向かって急速に進むべきである。第3の波の社会の中に共同体意識を築くためには、場合に応じて交通を通信に置き替えることが、重要な一歩となろう……コンピュータと通信機器は、地域共同体をつくり出す上で大きな役割を果たすはずである」

　物質、エネルギー、情報の観点から地球規模の人間の生活空間を掘り下げたもう一人の著者にケネス・ボールディングがいる（Boulding, 1975）。彼の先駆的な『経済学を超えて』には「来たるべき宇宙船地球号の経済学」と題する章があり、そこで彼は「カウボーイ経済」（カウボーイというのは広大無辺な平原の象徴であり、また、開いた社会の特徴をなす向こう見ずで開拓者的でロマンチックで荒々しい行動と、結びついている）と「宇宙

人（宇宙飛行士の）経済」（未来の閉じた経済を指し、そこでは地球はいかなるものの無限な貯蔵所——抽出用のものであれ汚染用のものであれ——をももたない一つの宇宙船になっていて、それゆえ人間は、物質形態の連続的な再生産能力をもつ循環的な生態システムのなかに、自分の場所を見出さなければならないのである）とを比較している。彼によれば、「システムは、多数のインプットやアウトプットの種類（クラス）について、それぞれ開いていたり閉じていたりする」。重要なものは物質、エネルギー、情報である。「物質システムの場合には、集中している物質をとりこんだのちに大海や地球の表面や大気のなかにそれを拡散させるエントロピー的過程と、拡散している物質をとりこんでこれを集中させる反エントロピー的過程とを区別することができる。幸いなことに、物質の場合には、エネルギーの場合のようなエントロピーの増大法則は存在していない。エネルギーの投入が許されるとすれば、拡散している物質を集中させることはまったく可能だからである」「エネルギーのシステムにかんしては、残念なことに、熱力学の第二法則という冷酷な法則から逃れるすべはない。地球へのエネルギーのインプットがなかったとしたら、いかなる進化過程も発展過程も不可能となるであろう。われわれが化石燃料から獲得してきたエネルギーの大きなインプットは、厳密に一時的なものである。」ボールディングは「情報のインプットとアウトプットをあとづけることはヨリ微妙でヨリ困難である」ことを認めつつ、これもまた開いたシステムをなしているという。「老化や死亡によって知識を失い、出生や教育や日常の生活経験を通じて知識を得ているような、開いたシステムだと考えることができる。……知識の累積、すなわち、知識の生産が消費を上まわる超過分は、あらゆる種類の人間的な発展にとっての、鍵をなしている。」

　物質とエネルギーに関するボールディングの見方には合意する一方、情報に関しては一言付け加えたい。情報は人間の脳に貯えられる。知識が老化や死亡によって失われ、教育によって増加すると考える知識ストックの取り扱いは、妥当に見える。しかし、人間にとって利用可能な知識の「総体」は、一人の人間に内包される知識と同じではない。そしてこの点がま

さに最新の情報通信技術（ICT）の役割なのである。情報通信の技術的発展によって、知識の対象範囲はこれまで人間が入手することのできなかった領域にまで拡大し、拡大した対象にアクセスするコスト（すなわち必要な物質とエネルギー）は非常に軽減された。その上、一人の人間の限界を超えて、現在から未来へ、新しい知識を人類共通の知識ストックとして蓄積し利用することが可能になったのである。

　一つの例が地理情報システム（GIS）である。これはリモート・センシングと宇宙探査を結合することが多い。「宇宙からのリモート・センシングは、われわれの惑星の上で生じている自然の脅威や変化だけでなく、地球のこわれやすく相互に関連した資源的な基盤に対して人類がおよぼす打撃についてもまた、新しい理解の広がりをもたらしたのである」(Lillesand, et al., 2004) 新しい知識はインターネットを経由して蓄積され利用される。マルチメディア・ブラウザは共通の知識基盤を一層直感的に、かつまた正確に、理解することを可能にしている。技術進歩によってわれわれの認識能力が革命的な変化を遂げた分野は他にも多数存在する。今や知識の生産、蓄積、伝達は、個人の出生や死亡による限界を超えている。このことは約500年前の印刷術の発明が開いたグーテンベルクの世界と対照をなしている。知識ストックは一人の人間が消化し、またアルファベットと数字によってのみ理解されるものとして、「グーテンベルクの世界」は現在でも教科書や図書館として大学のキャンパスに残っている。こうしたことは認識論や教授法を変化させているのである。（図表4参照）

　インド、東南アジア、中国に広がる大学の連携のためには情報通信テクノロジーの利用が不可欠であり、具体的には下記が含まれる。

◆マルチメディア・ブラウザ、高精細の人工衛星イメージ、写真、ビデオ動画へのアクセス

◆カリキュラム・データベースの分散型開発・利用システムとキーワード・サーチ

◆デジタル・スタジオ・システム、コンテンツ編集システムおよびインターネット放送システム

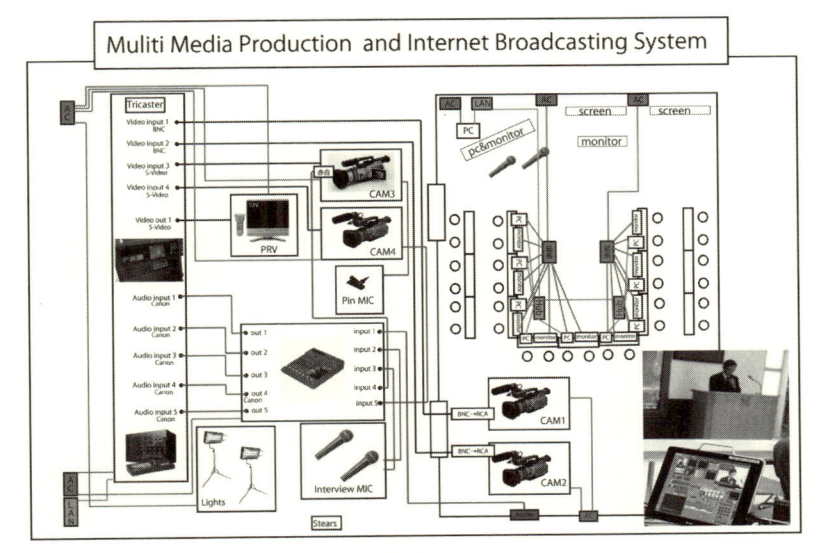

図表4

4．中部大学におけるコンテンツ開発

　環境分野の研究・教育は従来から各研究室単位でおこなわれてきたが、環境省による環境人材育成のための大学教育プログラム開発業務の実施大学の一つとして中部大学が選ばれ、「環境と開発のためのリーダーシップ」（2008年～2010年）を実施したことにより体系化・統合化が進展した。環境省プロジェクトでは2008年にシンポジウムを開催、その成果を基礎に2009年4月には国際ESDセンターを設立した。2009年から2011年にかけて毎年インド、東南アジア、中国の大学からハイレベルの専門家の参加を得ることができ、このうち2010年には上海国際博における中部大学週の一角を構成することができている。環境省プロジェクトは環境人材育成のためのカリキュラム実施を求めており、私が関係する限りでは下記のシラバスを開発・実施している。

　◆東南アジアを知る：世界人口の3分の2を占めるインド、東南アジア、中国の歴史、地域特性

第3章　持続可能性に向けた技術開発と技術融合

◆経済持続可能な世界をつくる：地球環境ガバナンス
◆環境論：フィールドワークのマルチメディアによる記録例の紹介

「持続可能な発展」というテーマは多数の学問領域におよぶ。またアジア・太平洋という広大な地理的広がりをカバーする必要がある。現地の状況も可能な限り知らなければ持続可能性のチャレンジを理解することはできない。（図表5参照）

次は防災分野である。中部大学が立地する中部地方は、地球温暖化による大型台風の増加、地域的豪雨・洪水の発生などの水害、東海地震・東南海地震など日本列島の太平洋岸で懸念される大型地震など、災害が懸念される地域である。中部大学は地域の広域避難所を引き受けている。このような背景のもと、本研究・教育プロジェクトは、講義ならびにフィールドワークの2つの部分からなり、避難所運営、災害看護なども取り入れられている。防災科学技術研究所、名古屋市、春日井市消防局、NGOなどの協力を得ている。講義ではハザードマップが紹介され、フィールドワークでは学生が地図、GPS付カメラ、ビデオカメラなどをもってグループワークを行い地域のハザードマップを作製する。こうして得られた情報は地理情報システムを利用して総合化され、インターネットでアクセス可能なマルチメディア・ブラウザの上で利用可能とすることができる。（図表6、7参照）

マルチメディア・ブラウザ表示例：
カリキュラム、関連資料（人工衛星画像、写真、ビデオ等）にアクセス可能

図表5

環境と防災の両分野に共通することは、いずれも空間的な広がりを扱う必要があることである。そこにこそ地理情報システム GIS: Geographic Information System と、現地の状況を把握する上で欠かせない写真、ビデオ、地図や人工衛星写真などをあわせて蓄積利用できる、マルチメディア・ブラウザの必要性がある。情報共有、情報発信がキーワードである。

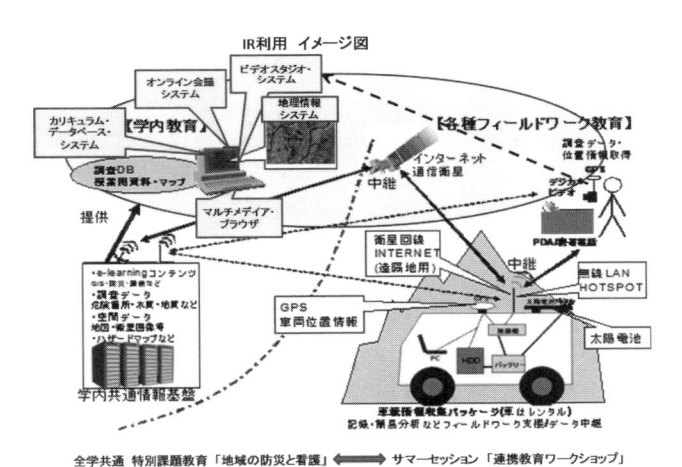

図表6　防災への情報テクノロジー

図表7　台風のケース

5．結論にかえて

アジア・太平洋の大学は、伝統的に欧米の大学との関係を維持してきており、この地域における大学相互間の交流はグローバル・コミュニティーの中にあって弱いまま推移してきた。しかし、この地域には世界人口の60％以上が住んでいるだけではなく、経済成長も著しい。

UNESCOは1998年に高等教育に関する世界会議WCHEを開催、そのフォローアップとして5年後の2003年にWCHE+5を開催した。「現在、アジア・太平洋はグローバル化の加速、国際経済競争の激化、伝統的な経済から知識を基盤とする経済へ、そして場合によると市場経済への移行によって特に強い影響を受けている。最新の情報通信技術（ICT）の応用の面で特に目覚ましい発展が進行中である……現在の経済的社会的変化は高等教育に多面にわたる大きな変化を及ぼしている。将来、高等教育はより大きな、そして現在とはやや異なる役割を担わなくてはならない、という認識が徐々に広まっている……他方、大学は革新し、自身の将来だけでなく社会の将来を決定する巨大な能力を有している」アジア・太平洋の主要大学はこうした認識を共に有するといって誤りではないであろう。中部大学はそのための拠点としての役割を担うことが可能である。

参考文献

Kenneth E. Boulding（1968）, Beyond Economics: Essays on Society, Religion, and Ethics, University of Michigan. 邦訳公文俊平『経済学を超えて』学習研究社.

Finn R. Førsund,（1985）, "Input-Output Models, National Economic Models, and the Environment", in Allen V. Kneeze and James L. Sweeney, eds.（1985）, Handbook of Natural Resources and Energy Economics, Vol.1, Elsevier Science Publishers.

Christopher Freeman and Carlota Parez（1988）. "Structural Crisis of Adjustment, Business Cycles and Investment Behavior", in Christopher

Freeman, ed. (1996), Long Wave Theory, Edward Elgar Publishing Limited.
Michael Gibbons, et al. (1994). The New Production of Knowledge: The Dynamics of Science and Research in Contemporary Societies, Sage Publications. 邦訳小林信一『現代社会と知の創造モード論とは何か』丸善。
Thomas M. Lillesand, et al. (2004), Remote Sensing and Image Interpretation, Fifth Edition, Wiley.
Alvin Toffler (1980). The Third Wave, William Morrow & Company. 邦訳徳岡孝夫『第三の波』中央公論社。

第Ⅲ部
高等教育の状況を考える

第Ⅲ部では、研究会の主題であったこのような時代にあって高等教育はいかにあるべきか、その成果は、どう評価されるべきなのかについて、議論が展開される。
　小野桂之介氏は、経営情報学の専門家の立場から、学部教育の問題点を指摘し、今後の教育への問題提起をしている。
　小野氏は、現在の日本の大学の教育について、学部教育、すなわち「学士力の養成」が十分に行われているかという観点から解析を行った。ユニバーサル化された（希望すればだれでも入学できる時代）現代の学部教育が直面している問題として、学生の学力格差の拡大、「教員が抱く大学観」と「大学生の実像」との乖離拡大、「教員が教えようとする内容」と「学生が学べる内容」の食い違いの拡大の３点を挙げている。続いて、中低位学生の修得不足問題、学士力保証に向けた底上げ型アプローチとして、初年次教育、キャリア教育、専門教育課程における基礎学習の強化等を論じている。さらに、学力上位学生の成長促進策に言及し、高等教育の再構成を論じた。
　伊藤康彦氏は、生命医学教育の現状とその針路について、みずからの経験に立脚して、独特の教育論を展開している。
　まず、医学教育に新しい視点を導入しようとした高橋晄正氏の活動を振り返り、その限界を論じた後、生命医科学とは何かという問題提起をして、機械論と要素論を乗り越えた生命医科学の確立へと議論を進めている。さらに、科学技術論の生命医科学史モデル確立の必要性を指摘し、医療系学科の持つ問題点を論じた。また、生命医科学教育・研究の目標とアウトカムズに言及し、新しい生命医科学のあるべき姿を提示している。
　稲崎一郎氏は、工学教育の現状と今後の在り方について、永年の経験を踏まえて、重要な問題提起をしている。
　現代の豊かな生活は、工学技術に負うところか大きいことを指摘し、その結果として生じる環境問題などに対応するためにも、工学技術が必要なことから論を起こし、工学分野での人材育成について論じている。まず、工学技術教育の源流を概観した後、工学技術とそれを取り巻く

状況が変化したことを、サステナビリティという概念の登場、ブラックボックス化（技術の内部が専門家にしか理解されない状況）とし、社会状況の変化として、人口減少、工業技術への関心度、グローバル化、初等、中等教育、工学技術者の処遇の面から論じ、育成すべき工学技術者像として、問題発掘・設定・解決能力を保有していること、学際性の志向を持つこと、国際性を備えていることを挙げている。そして、工学技術者育成における大学の役割として、教育プログラムをアナリシスからシンセシスへと重心を移行すべきこと、Project-besed learningおよびProblem-based learningの導入、産学連携、インターンシップの積極的導入を挙げている。さらに、育成プログラムの例を挙げ、進んで、大学院教育の重要性を指摘し、大学院博士課程の課題を指摘して、現代の工学技術者教育の問題点とその解決策を総合的に議論している。

　野口忠氏は、学生の立場から、大学教育や大学と学生の関係について、自らの経験を語っている。

　まず、現在の18歳の選択への疑問を提起し、大学教育では、その選択に修正の保障をしなくてよいかを論じている。続いて、現在の学士課程教育の問題点、大学院教育との連携について論じた後、これからの高等教育に必要なこととして、現代社会の仕組みの理解、国際人としての資質の涵養、「知」に対する憧れ、「知」への憧れをどう具現するかを論じ、強要しない教養教育の問題提起をしている。さらに、これからの大学の進む方向を論じ、自由な生き方を支援する大学教育、広場としてのサステナビリティ学、開かれた教育への対応を論じている。高等教育の成果を評価する手段の一つとして、ポートフォリオの活用を挙げている。

第4章
学部教育が直面する問題と対応策

小野桂之介

　近年、日本各地の多くの大学で、学部教育を根本から見直そうという動きが高まってきている。以前から「入るのは難しいが、出るのは易しい」と揶揄されてきた日本の学部教育だが、近頃は「知識や能力の面で大学卒とは言いがたい若者が学士号を授けられて社会に送り出されている」といった指摘をしばしば耳にするようになり、「大学が日本の社会をだめにしている」といった論調の本までベストセラーになったりもした。各国の国際競争力比較で日本の大学教育の質が低い評価を受けたこともあり、近年、文部科学省も「学士力の保証」を求めて指導強化に乗り出している。

　改めて言うまでもなく、この問題の背景には、さまざまな要因が根深く複雑に絡まり合っている。本稿では、日本社会の将来を左右するこの重要問題について、その基本構造を明らかにし、これから向かうべき新たな学部教育の方向性について私見を述べたいと思う。

1．三つのギャップの拡大

　学部教育が直面している上記の問題の根底には、高等教育とりわけ学部教育のユニバーサル化（入学者層の大幅な拡大）を背景として三つの重要なギャップが拡大してきたという事情がある。（以下、図表1参照）

1－1．学生の学力格差拡大

　第1のギャップは、基礎学力の面で上位学生と下位学生の間に存在する格差である。この基礎学力は学習意欲とかなり強い相関性をもっている。やる気はないが学力はあるという学生はあまりいない。学力の高い学生はやる気があり、低い学生はやる気もないという傾向が強い。上の方の学生と下の方の学生にあまりに大きな格差があり、多くの教員はそうした学生たちをまとめて相手にしなければならないという難しさに直面している。

　無論、基礎学力や意欲の個人間格差は昔から存在したが、その上下幅は10年単位でみると確実に拡大している。明確な客観データはないが、おそ

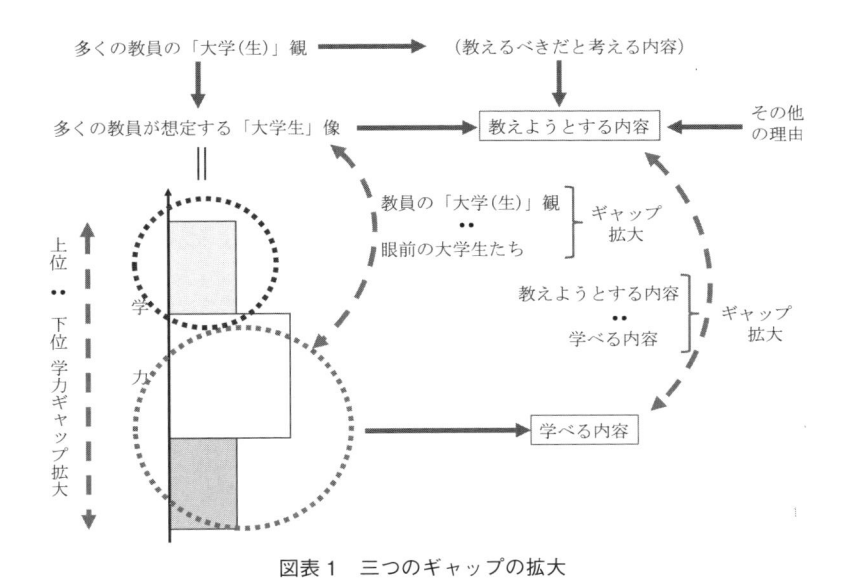

図表1　三つのギャップの拡大

らく日本のほとんど全ての大学教員が同様の認識を共有していると言ってよいであろう。その主要な原因は、若者一人ひとりの学力・意欲格差が広がったというよりも、若者の大学生になる割合（進学率）が以前に比べて大幅に高まってきたことにある。

　50年程前（1960年）、18歳人口のうち4年制大学に進学する人の割合は10％程度であった。経済的余裕を含む多様な理由があり例外も少なくなかったであろうが、概ね学力・意欲水準の高い層に属する10人に1人ほどの人たちが4年制大学に入り、その多くは卒業後社会の様々な領域で、リーダーないし専門家としての役割を果たしてきた。

　その後大学進学率は年を追って着実に上昇、1990年には30％を超え、2011年度の4年制大学への進学率は51.0％と50％を超えている。この進学率の上昇は、緩やかながら依然として続いている。これは、大学で学ぶ人の範囲が、リーダー・専門家層から社会の中堅層まで大幅に広がったことを意味する。昔であれば中学卒や高校卒で就職し働き始めていた多くの人たちが大学生となり高等教育を受ける時代になったのである。

　大学生の学力・意欲格差が以前は限られた上位層の若者たちだけの間の個人差だったのに対し、現在のそれは、そうした上位層の若者から中位層の若者たちまで含むずっと広い範囲の人々の個人差になっているのである。無論、これは国・公・私合わせて778校にまで膨れ上がった大学総体の話であり、個々の大学間の学力水準格差は（今も昔も）存在するが、進学率の上昇（大学入学者層の拡大）が上位・下位学生の意欲・学力ギャップを拡大した基本要因であることは、個々の大学についても該当すると言ってよいであろう。

1－2．「教員が抱く大学（生）観」と「大学生の実像」との乖離拡大

　上記1－1．で指摘した大学進学者層の拡大（大学教育のユニバーサル化）は、大学教員が抱く「大学（生）観」と「大学生の実像」との乖離というもう一つのギャップを拡大した。大学に勤める教員は「大学というものはどうあるべきか」というそれぞれの「大学観」を持っている。多くの場合、それは社会の実態や変化の方向などを総合的に見据えて演繹的に導

きだした結論という種類のものではなく、自分が大学教員になる以前の時代の大学について聞き及んだ知識、自分が大学教員になって間もない頃に経験した大学の記憶、海外の大学で見たり経験したりした様々な事柄、研究者でもある自分にとって望ましい大学の姿（願望）などがないまぜになって生み出される。

　そうした「大学観」と「大学の実態」との間には当然のことながらいろいろな違いがある。それは研究室の広さ、研究施設や研究費、教育ワークロードの大きさ、運営管理関連業務（いわゆる雑用）の多さなど多岐に及ぶが、本小文との関係上最も重要なのは彼ら（大学教員）が抱く「大学生像」と「大学生の実像」とのギャップである。

　「大学生だったらこの程度の意識や見識は持っていて欲しい」、「大学生だったらこの位のことは分かるだろう（あるいは、知っているだろう）」という教員の期待と現実の大学生の間には昔から相違はあったが、そのギャップは近年多くの大学で以前とは比べものにならないほど拡大しているように思われる。その最大の原因は、1-1.で述べた大学教育のユニバーサル化（大学入学者層の拡大）である。

　新たな知識に対して抱く関心、自らの能力を高めたいと思う意欲・意識、複雑な事柄を理解する論理力や関連基礎知識などの諸面で、個人間にはもともと少なからぬ差が存在する。教員が、大学進学率が10％だった頃や、さらに遡る時代（例えば、明治・大正）の大学や、研究者でもある自分にとって望ましい大学の姿に基づいて抱く大学生のイメージと、ユニバーサル化した大学教育の場に集う中堅層を中心とした大学生との間には当然のことながら大きなギャップが存在する。

　この「教員が抱く大学生像」と「大学生の実像」とのギャップは、高偏差値学生の比率が高いいわゆるブランド大学よりも、学生の大半を中堅層学生が占める大半の大学において一層大きい。それは、教員が大学（生）像に関して抱く「あるべき姿（願望）」は目の前にいる「大学生の実像」にあまり大きく影響されないという特性を持つことによる。

1−3．「教員が教えようとする内容」と
　　　「学生が学べる内容」の食い違い拡大

　第3のギャップは、「教員が教えようとする内容」と「学生が学べる（あるいは学びたい）内容」の間のギャップである。教員が「こういうことを伝えたい、分かって欲しい、覚えて欲しい、できるようになって欲しい」と思ってカリキュラムに盛り込む内容と、「学生が関心をもち学べる内容、聞いて分かって消化できる内容」とが大きく食い違うという問題である。

　こうした食い違いも多かれ少なかれ昔からあったが、そのギャップがこの10～20年どんどん広がってきたように思われる。その理由は、教員・学生両方にある。

　学生側の「学びたい意欲」や「学ぶ能力（基礎学力・知識）」は、上でも述べたように次第に低下傾向にあり、その上下格差も広がってきている。その背景にはよく言われる「ゆとり教育がもたらした若者全般の学力低下」や「明るい将来展望を持ちにくくなった日本社会」といった理由も作用しているかもしれないが、最も基本的な原因は、先に述べた「大学教育のユニバーサル化（大学入学者層の拡大）から生まれた学生の学力・意欲格差拡大」にある。

　一方、「教員が教える（教えようとする）内容」のレベルは昔から基本的にあまり変わっていない。その根底には、上記1−2．で述べた「本来あるべき大学像」という前提条件や、「〇〇学ではこういうことを教えなければならない」という規範概念がある。「科学技術の進歩や社会の複雑化・グローバル化を考えると本当は以前よりさらに多くの内容、高い水準の内容を授業に盛り込む必要がある」と考えている教員も少なくない。学生の平均的学力低下や低位学生の増加に対応し徐々に授業に盛り込む内容を減らしたり水準を引き下げたりしている教員もいるが、それでもついてゆけない学生が増えてきているという声をよく耳にする。

　上の議論からも分かるように、これら三つのギャップの背景には「大学教育のユニバーサル化（大学入学者層の拡大）という根本原因が共通して存在し、相互にかなり強い関係性をもっている。

2. 中低位学生の修得不足問題

　前節で述べた三つのギャップを背景として、いま多くの大学が頭を悩ませているのは「中低位学生が必要な基礎知識やスキルを十分修得しないまま卒業する」という問題である。冒頭に触れた「知識や能力の面で大学卒とは言いがたい若者が学士号を授けられて社会に送り出されている」という指摘の対象となっている点である。「機械工学科を卒業しているのにこんなことも知らないのか」とか「そんなことも分からずに本当に経営学科を卒業したのか」と言われるような大学卒業生は以前もいた。しかし、そうした「問題学士」の割合が全国的に高まり、その「こんなことも」の範囲が広がりそのレベルも下がっているのは間違いなさそうである。

　では、中低位学生が必要な基礎知識やスキルを十分修得しないまま卒業してゆくという問題は、なぜ、どのように生まれるのか。図表2は、この問題に関して、筆者自身の経験と観察、学内外の教育関係者と交わした経験・意見交換を通じて得た知見を統合し図式化したものである。

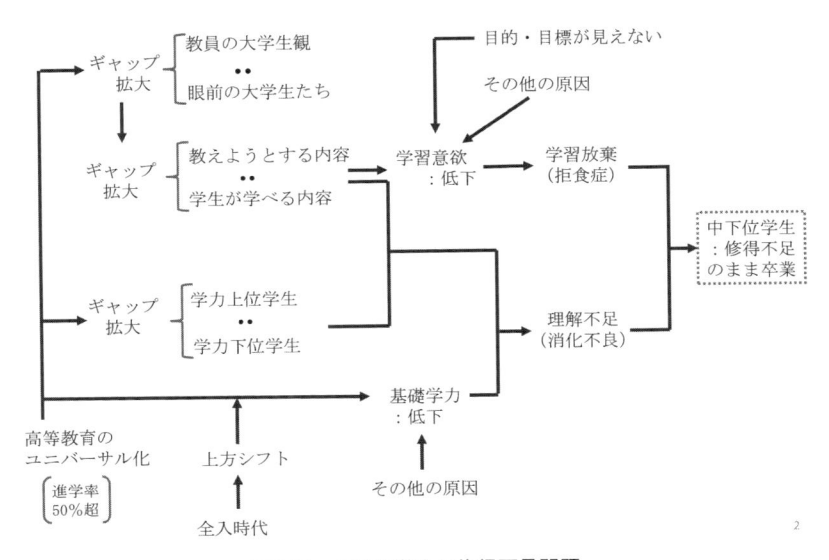

図表2　中低位学生の修得不足問題

「中低位学生が必要な基礎知識やスキルを十分修得しないまま卒業してゆく」過程で発生する典型的な現象は「学習放棄」である。この学習放棄という概念のなかには、授業に出てこない、教室には来ているけれども寝てしまう、寝てはいないけれども聞いていない、一応聞いて入るけれど分かろうとしないなど多様なパターンのものが含まれる。食事に例えて言うならば、軽症か重症かの程度差はあるものの「拒食症」に相当する症状である。

　もう一つは、学ぼうという気はあり授業にもそれなりに取り組んでいるのだけれども、難しくて分からない、あるいは授業のスピードが速すぎてついていけない「理解不足」という現象である。食事に例えて言うならば、「消化不良」に相当する症状である。

　拒食症的「学習放棄」の直接的原因は「学習意欲の低下（ないし、低い学習意欲）」である。さらにその上流の原因について、学生たちや彼らと接触する教員・スタッフ等と話すと、「勉学の先にある目的・目標が見えない」、「アルバイトに忙しく、体力・気力が残っていない」、「しっかりした食事をとっていない」、「ビデオ、ゲーム、メールやツイッターに時間を取られ寝るべき時間帯にちゃんと寝ていない」など様々なことが指摘される。

　確かにこうした諸要因も学生たちの学習意欲に少なからぬ影響を及ぼしていると思うが、最も基本的な原因は、前節で述べた「教員が教えようとする内容と学生が学べる内容のギャップ」さらにはそれを生んでいる「教員が抱く大学（生）観と大学生の実像とのギャップ」にあり、その根源を辿ると先にも述べたように「高等教育のユニバーサル化」に行き着く。

　ここで、この学習意欲の低下に関連するもう一つの問題についても触れておきたい。それは「卒業だけを目的とする入学生の増加」である。もともと勉強する気もなく大学入学してくる学生が多くの大学で増えてきている。「勉強して自分自身を高めたい」とか「将来社会で活躍するために必要な知識や能力を身に付けたい」といった動機をもって進学してくるのではなく、親から「お前も大学ぐらい出ておけ」と言われ受験したら合格したから大学に来たという学生たちである。そういう学生たちの目的関数は「なるべく楽をして卒業すること」であり、卒業に必要な単位をとれさえすれ

ば苦労して勉強などしない方が合理的行動なのである。これも「高等教育のユニバーサル化」に付随するもう一つの現象である。

一方、消化不良型「理解不足」は、関連性の強い三つの要因の複合作用によって発生する。前節でも述べたように、学習意欲低下の原因ともなっている「教員が教えようとする内容と学生が学べる内容のギャップ」は、「上位学生と下位学生の学力ギャップ」が広がっている現況において学力中低位学生の消化不良型理解不足を引き起こす。これは、主として、教員の「教えようとする内容（とスピード）」が（伝統的な大学生イメージに近い）学力上位学生を念頭において設計されていることから来るが、その上位学生を含む学生全体の基礎学力が低下傾向にあることがこの問題の深刻化に一層拍車をかけている。

上で述べた学習放棄と理解不足の問題、とりわけ後者（理解不足）は、当然のことながら、偏差値分類で上位の大学では相対的に軽微、下位の大学ほど深刻なものとなる。この十年余、少子高齢化で18歳人口が減り続けるなか、規制緩和で大学の新設や新学部・新学科設置が相次ぎ、受験生が選り好みをしなければ全入可能に近い状態が生まれた。

もともと進学率が低い頃なら中学か高校までで勉学を終え実社会で働いていた人たちが大学に入学するようになるに伴い、大学生の基礎学力の下限は低下せざるをえない。そのうえ、全入時代になると当然上位シフトが発生し、学校の偏差値やブランド、順位の分布でいうと下位の大学から、学生が引き潮のごとく消えてゆき、定員割れが発生したり、入学してくる学生の平均的な学力分布が徐々に低下してゆくことになる。

また、この小文の本旨から外れるので深入りはしないが、この基礎学力低下と前記の学習意欲低下双方に付記した「その他の要因」の中には、この数十年間にわたってじわじわ進行してきた「家庭での躾」の劣化と「小中高教育全般における規律・学習内容低下」という社会的に重大な問題も含まれる。

3．学士力保証に向けた底上げ型アプローチ

　上で述べたように、中低位学生の修得不足問題は、いずれも根の深い多数の原因要因が複雑に絡んで生まれており、一朝一夕にそうした原因要因を解消する見通しは立たない。前節の最後に触れた「家庭での躾」や「小中高教育」の問題にしても、これを指摘してその根本からの改善を期待するだけでは百年河清を待つことになる。しかし、日本の多くの大学が学士力を保証するには、この「学力中低位学生の修得不足問題」を「目に見えた形で改善する」という課題を避けて通ることはできない。

　問題の根源となっている「大学教育のユニバーサル化」自体は、高等教育を受ける機会を国民全体に広く行き渡らせることであり悪いことではない。というよりはむしろ社会的進歩としてポジティブに捉えるべきであろう。従って、我々のように大学で教育活動に従事する立場にあるものとしては、「大学教育のユニバーサル化」とそこから生れる「三つのギャップ」、さらにその延長線上に発生している「学力中低位学生の修得不足」の問題を自分たちの問題としてしっかり直視し、その解決に取り組まなければならない。

　この問題に正面から取り組もうとする多くの大学が現在採っている（あるいは、採ろうとしている）主なアプローチは、図表3に示す6つの方法（初年次教育、キャリア教育、専門教育における基礎学習強化、少人数クラスによる修得徹底、成績判定の厳格化と再履修機会の拡充）である。

3－1．初年次教育

　この問題に対する一つのアプローチとして近年全国の多くの大学が取り組みつつあるのが「初年次教育」または「導入教育」と呼ばれる試みである。スタートアップセミナー、基礎演習、基礎ゼミナール等々大学によって様々な名称で呼ばれるが、入学直後の1年次生たちを対象に、たいていは全員必修の形で、「学習意欲」を刺激し「基礎学力」を補強することを主目的として行われる演習型科目という点で共通している。通常は10～20人程度の小クラス編成で週1回（1コマ）程度実施され、3年次生以降の専

第Ⅲ部　高等教育の状況を考える

```
初年次教育（導入教育） ─┐
キャリア教育 ─────┤           学士力保証
専門教育課程における基礎学習強化 ─┤              ‖
少人数クラスによる修得徹底 ─┼─→ 中低位学生の
成績（合否）判定の厳格化 ──┤        修得促進
再履修機会の拡充 ─────┘
```

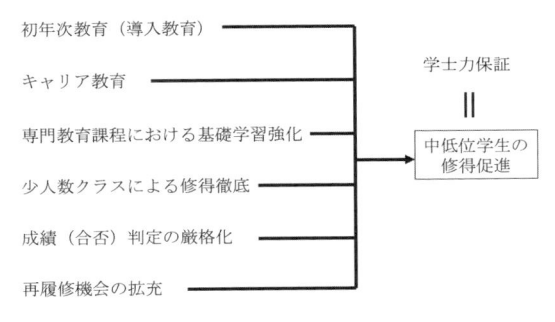

図表3　中低位学生の修得促進

門ゼミナールや卒業研究ゼミと同様に教員と学生のパーソナルな関係も重視される。

　こうした初年次教育型のアプローチは1970年代末に米国で始まったといわれるが、日本ではこの数年全国各地の大学で急速に広がり、2007年にはこの教育の在り方と方法について研究と意見・経験交換を行う日本初年次教育学会も発足した。ベネッセ教育総合研究所の調べによると、2010年春時点で国立大学64大学（130学部）、公立大学24大学（35学部）、私立大学207大学（321学部）でこうした導入教育（入門型学習活動）が行われている。

　「学習意欲」を刺激し「基礎学力」を補強することを主目的とし、これに「大学での学び方」を加えるという点では共通するものの、実際に初年次教育でどのような教育目的を重視しどのような内容を盛り込むかはそれぞれの大学・学部・学科で（時には教員によっても）異なる。

　図表4は、参考までに中部大学経営情報学部で筆者が担当するクラスのデザイン・コンセプトを具体例として示したものである。（中部大学経営情報学部では、5年前から春秋学期通年の必修科目「基礎演習A・B」として初年次教育を実施してきたが、2010年度から春学期に全学一斉で類似の導入教育「スタートアップ・セミナー」が開講されることになり、従来の「基礎演習A」はこの「スタートアップ・セミナー」に衣替えし、「基礎演習B」は「基礎ゼミナール」と名称変更したが、基本的なデザイン・コンセプトは変わっていない。）

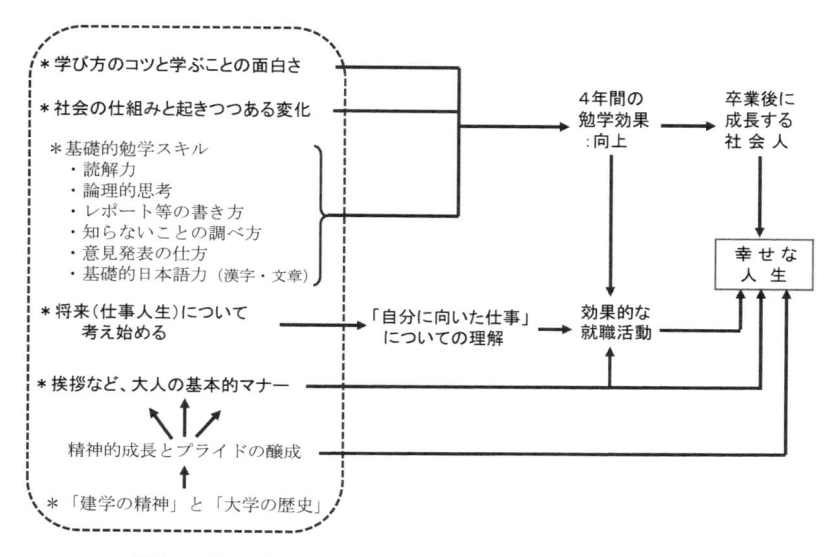

第4章　学部教育が直面する問題と対応策

図表4　初年次教育の主な目的（著者が担当するクラスの例）

　この科目で取り上げる主な内容のうち「学び方のコツと学ぶことの面白さ」、「社会の仕組みと起きつつある変化」、「基礎的知識・スキル（基礎的日本語ほか）」は学生たちが4年間いろいろな勉学に取り組んでゆく上で常に必要となる基礎力である。こうした力が少しずつ付いてくると学習意欲の面でもポジティブな効果が現れてくる。そして、4年間の大学生活で充実した勉学を送ることは、それだけ卒業後に「社会人として成長する」可能性を高め、それは各人の「幸せな人生」につながる。

　10年後の自分像を描いたり、招待した先輩たちの経験談を聞くなどして「将来（仕事人生）について考え始める」ことは、世の中にある様々な仕事に関するイメージと自己観察を通じて「自分に向いた仕事についての理解」という難しい課題を少しずつ自分のものにしてゆくのを助け、それは3年次後半から本格化する就職活動で自分に合った職業や業種を探索・選択しやすくするのに役立ち、それはその後の「幸せな人生」を切り拓く可能性を高める。「挨拶など、大人の基本マナー」について教員から指摘され修得することは、その付随的な要素として位置づけられる。

「建学の精神と大学の歴史」は、スタートアップ・セミナーに衣替えして付け加わった要素である。本学の歩んだ今日までの歴史、創立者三浦幸平先生の人となりとその掲げた理念「不言実行あてになる人間」を一巻（27分）にまとめたビデオを見て意見交換し、「あてになる人間とはなにか」についてグループで討議した2セッションのクラスは、学生たちの心に小さいながら熱い「成長への炎」と「自分たちが学ぶ大学に関するプライドに火」を点したように思う。筆者がどの程度これに成功したかは別として、この2つの成果要因は、この図に示した全ての学習プロセスにプラスに作用することは間違いない。

大学の教員はそれぞれ高度に特化した専門分野の研究者でもあり、こうしたいわば高校のホームルームのようなクラス運営は（気持ちの上でもスキルの面でも）苦手とする人が多い。しかし、前節までに述べたような現実を前に、大学の誰かがこういう役割を果たさなければならない。そして、それを担当できるのは、大学教員しかいないのである。

3－2．キャリア教育

今日の社会は技術（とりわけIT）の進歩や経済活動のグローバル化などの影響により産業構造や職業構造の変化が激しく、伝統的な仕事が急速に衰退したり、仕事のやり方が変わったり、これまでなかった新たなタイプの仕事が次々と生まれている。このことは、大学生に限らず若者たちが「自分に合った職業」をイメージすることを従来にも増して難しくしている。

以前の若者たちも、その多くは「自分に合った職業」をハッキリ認識して就職していたわけではなかった。しかし、医師や弁護士、公認会計士など厳しい国家試験をパスしなければならない一部の特殊な職業を目指す人たちを除くと、多くの若者は、おおよその希望業種イメージのほかは特に深いこだわりをもたず、しかるべき企業規模で業績の良さそうな企業であれば「良い就職先」と受けとめ、そこでどのような仕事をするかは入社後の配属命令に素直に従うのがむしろ普通であった。

それに対して、昨今の若者たちの中には、学力上位学生ばかりでなく中低位の学生たちでも、業種・企業規模・給与水準といった伝統的な基準に

加えて、「やりたい仕事」という漠然とした期待を以前の若者たちよりも強くもっている場合が多い。しかしながら、その割には、彼らの多くは、自分自身についてもまた世の中にどのような仕事がありそれらがどのような適性や能力を求めるかについても乏しい知識や認識しか持ち合わせていない。

その結果、「やりたい仕事」の明確なイメージをもってそれを探すというのではなく、「やりたくない仕事」を避ける行動に陥りがちである。これがフリーターやニートを増やす一因にもなっている。また、大学に入ったものの「やりたい仕事」のイメージが持てず、それが学習意欲低下の新たな要因としても付け加わっているケースも少なくない。

こうした問題意識から、前項で述べた初年次教育（導入教育）と併せて「キャリア教育」に力を入れる大学が増えてきている。ただし、同じ「キャリア教育」という用語・概念を用いながら、その内容は大学によって大きく異なる。中央教育審議会キャリア教育・職業教育特別部会はキャリア教育を「社会的・職業的自立に向け、必要な知識、技能、態度を育む教育」と定義しているが、これは考え方次第で大学（学部）教育そのものと言ってもよいほどの広がりを持つ定義である。

各大学の具体例を見ると、「自分自身を見つめ、自分の仕事人生の在り方を考える」という長期視点・人生哲学型のキャリア教育から、実践的就職対策を重視するキャリア教育、インターンシップ研修を中心に据えるキャリア教育など多種多様で、前項で述べた初年次教育のような共通性はまだ十分見えてきていない。なお、このキャリア教育分野でも、2006年に以前から活動していた進路指導学会が学会名称を変更するかたちで日本キャリア教育学会が生まれている。

３－３．専門教育課程における基礎学習の強化および少人数教育、成績評価の厳格化と再履修機会の拡充

前出図表３に示した「専門教育課程における基礎学習の強化」、「少人数クラスによる修得徹底」、「成績評価の厳格化」、「再履修機会の拡充」は、相互に強い関係性を持つ一つのセットと言ってもよい方策群である。

本小文冒頭に述べた三つのギャップのうち「教員が教えようとする内容と学生が学べる内容のギャップ」を縮小し、中低位学生の修得を促し基本的な学士力を保証するためには、卒業生が各専門分野においてどうしても身につけていなければならない基礎的な知識・スキルや考え方の修得をより確かなものとしなければならない。

そのためには、各専門教育課程においてそうした基礎的な内容に関する講義や演習を増強するとともに、少人数のクラス編制やTA・SAを活用して修得を徹底し、それでも十分修得できない学生には厳格に不合格評価を与え、その代わり（春学期に不合格となった科目をすぐ秋学期に再履修できるというように）再履修の機会を拡充する必要がある。また、数学・会計学・情報処理など学生の能力格差を判定しやすい授業科目については、「学生の学力格差拡大」というもう一つのギャップに対応して学力レベル別に分けたクラス編制で授業を行うというアプローチを組み合わせることも有効であろう。

ただし、言うまでもなく、基礎的授業科目の増強、少人数のクラス編制、再履修機会の拡充といった方策を実施すると、いずれも教員のワークロードを相当増加することになる。また、前項までに述べた初年次教育とキャリア教育も、その大半がゼミナールに近い少人数クラス編制や演習型授業で行われることから、かなり大量のワークロードを教員に課すことになる。

今日、大学教員とりわけ私学の教員の多くは、運営管理業務（入学試験、各種学内委員等）を含め広義の教育活動のためにすでに過大ともいえるワークロードを担っており、この上にそうしたワークロードを加えることには、研究活動や教員自身の心身の健康、個人生活等への影響を考えると相当無理があると考えられる。

これを打開する一つの道は教員数の増強であるが、半数近い大学が定員割れに悩み、国・公・私立いずれを問わず多くの大学が厳しい財政事情にあることを考えると、これも現実的な解決策とは言えそうにない。

残る道は、現在大学教員が行っている広義の教育活動そのものの改革・改善を通じて、この増加ワークロードを吸収するだけの合理化を図ることである。まずなすべきことは、直接的な教育活動以外に使われている教員

の時間とエネルギーを節約することであろう。学部長や学科主任等の部内責任者に細部個別事項の判断・決定権限を委譲したり、各種の委員会を統廃合したり、会議回数や開催時間を最小限に削減したりするなどの措置により、多くの大学で相当な間接業務の合理化が可能ではないかと推察される。

　授業を中心とする直接的な教育活動においては、「教員が教えようとする内容と学生が学べる内容のギャップ」を縮小するという見地から、高度で難しい内容部分を圧縮して基礎的内容により多くのセッションを配分したり、高度で難しい授業科目を廃講（または隔年開講）にしたりするなどして、教員のワークロード全体を圧縮する工夫が求められよう。ただし、こうした方策は、一方で学力高位の学生たちの能力を伸ばす機会を制限する方向で作用することも見過ごしてはいけない。この点については次節で触れる。

4．学力上位学生の成長促進策

　以上、前節まででは、「学士力の保証」という観点から、学力中低位学生への対応を中心に述べてきた。しかしながら、我々大学人は、当然のことながら、その一方にいる「学力面で上位の学生たち」の成長についても意を払わなければならない。大学教育がユニバーサル化したうえ若者全般の基礎学力が低下してきていると言っても、意欲も学力も高い優秀な学生たちも厳然として存在している。

　その絶対水準や割合は大学によって異なるが、いわゆる一流ブランド大学以外の多くの大学においても、しっかりした基礎学力を身につけ自己成長に向けた意欲も高い学生たちが必ずいる。なかには、外国語能力や国際感覚、情報技術の理解、独創的な発想や構想力などの面で、一昔前、二昔前の若者たちには見られなかった様々な長所を備えた大学生も少なくない。

　本小文では、前節まで「学力中低位学生の修得レベル向上」といういわば「落ちこぼれ」対策的側面について考えてきた。しかしながら、多くの大学の現場では、三つのギャップの一つである「学生の学力格差拡大」に

よって、「落ちこぼれ」学生が発生するもう一方で、学力上位学生の「浮きこぼれ」と呼ばれる現象も発生している。

これは、大きな期待を抱いて大学に入学したものの、「授業内容のレベルが低すぎる」、「高校時代にやったことをまた教えられる」「進み方が遅すぎて、退屈したりいらいらしたりする」といった不満から学習意欲を減退させる学生たちである。その結果、彼らは、遊びやアルバイトに生活の中心を移してしまったり、極端な場合には学業を放棄してしまったりすることもある。

先に述べた初年次教育やキャリア教育の授業を行う場合にも、この面についての配慮が欠かせない。基礎学力の不足している学生たちがいるからといって、中学・高校レベルの勉強の復習や補習的な授業を形通りに行ったり、ノートの取り方や授業の受け方などに関する指導を機械的に教えたりすると、「なんで大学に来てまでこんなことを教わらなければならないのか」と不満を感じ、授業に背を向ける学生も現れる。

数学や英語あるいはプレゼンテーション用のパワーポイント・スキルのように学力差・実力差がかなりはっきり確認できる内容の授業については、先に触れたように「レベル別の授業」（または「特進コース」）を実施することである程度対応することができる。また、パワーポイント・スキルを学ぶような授業では、すでに力のある学生に初心者を指導するアシスタント的な役割を与えると、学力上位学生に不満感をもたず「教えることで学ぶ」経験をしてもらえたりもする。

しかし、こうした方策の効果が及ぶ範囲は限られたものであり、「学力上位の学生たちの成長を促す」という課題の実現には、もっと根本的な対策が必要である。学力中低位の学生をサポートすべく初年次教育科目やキャリア教育科目を導入し、専門教育の基礎学習部分を拡充し、少人数クラス編制で丁寧に教える一方で、学力上位学生向けに高度な内容のアドバンスト科目も充実することができればそれにこしたことはない。

しかしながら、先にも述べたように、多くの教員が教育活動のためにすでに過大ともいえるワークロードを担っており、大学の厳しい財政を考えると教員数の増強もままならない現状では、初年次教育・キャリア教育の

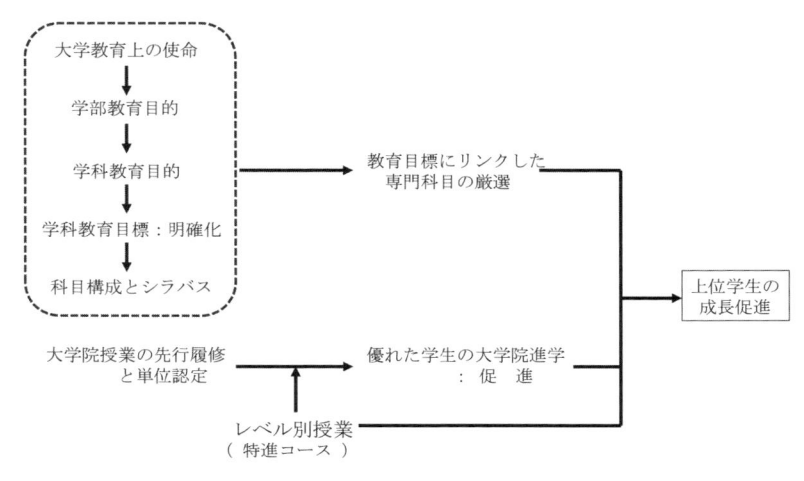

第4章　学部教育が直面する問題と対応策

図表5　上位学生の成長促進

導入や少人数クラス編制授業・再履修クラスの増強のために会議等の間接業務を合理化するのが精一杯で、とても高度な専門科目を拡充する余裕までありそうにない。このディレンマを克服するうえで実行可能な方策として、以下に述べる2つの方策が有効であると筆者は考えている。（以下、図表5参照）

4－1．教育目標の明確化による専門科目の厳選

　限られた数の専門科目によって成績上位学生の成長を促すためには、彼らの成長に効果の大きい専門科目を厳選して提供する必要がある。そのためには、各学部・学科が「育成しようとする人材像」を「ある程度具体的にイメージ」しなければならない。

　学部・学科の教育目的は、近年文部科学省の方針に沿い、いずれの大学においても定義され学則に明記されるようになった。しかしながら、その内容は「豊かな教養」「広い視野」といった抽象的な表現の組み合わせに留まり、「そのために、こういう内容のこの科目が必要」という流れでカリキュラム体系（科目構成と内容シラバス）の設計につながっていないケースが多い。このデザイン・リンクを明確化するためには、教育目的をもっ

と具体化する必要がある。

　もちろん、ある学科を選んで入学してくる学生たちは多種多様であり、卒業後も一人ひとり異なった職業に就き、違った人生を歩んでゆく。一人ひとりが大学時代に学びたいと思う事柄も、厳密に言えば皆異なっているであろう。その意味では、どのような授業科目も（ないよりは）あった方がよい。

　しかしながら、いま我々が置かれている現実は、そうした大らかなゆとりを持つことが許されない状況にある。大学という組織の存続を可能にする範囲の限られた人的・物的資源を有効に活用し、学力中低位の学生の修得を確実化しながら学力高位学生の成長を促すという2つの難しい目標を実現してゆかなければならない。そのためには、各学部・学科が「育成しようとする人材像」を「ある程度具体的にイメージ」し、そうした人材が卒業時に修得しているべき「考え方・知識・スキル等」を確認して、それらの実現に直結する授業科目の提供に教員の限られた時間資源を集中してゆく必要がある。

経営情報学部	豊かな教養、自立心と公益心とともに、企業経営・情報技術・会計に関する基本的な考え方・知識・スキルとそれらを実社会で活用する能力、自ら学び続ける能力を身につけ、広く国際的視野から物事を考え実行する専門職業人/有識社会人となる有為の人間を育成する。
経営情報学科	情報システムおよび企業経営に関する基本的な知識を理解・習得し、社会組織における情報の特質と価値、情報システムならびにその果たす役割を理解し、企業情報や情報技術を活用して、将来以下のような人材として社会に役立つ人間を育成する。 1．企業経営・企業会計を理解し、情報技術を効果的かつ企業活動に反映できる人材。 2．企業経営・事業戦略・情報戦略を理解し、企業における最適な情報システムの設計・構築・維持・改良・運用・およびシステムコンサルテーションが行える人材。 3．情報技術を駆使して情報収集・分析を的確に行うことができ、戦略策定など企業活動の中核を担える人材。
経営学科	経営、経済、法律、会計、情報等の諸分野にわたる基本的な考え方、知識、スキルを修得し、自立心、公益意識、広い視野から物事を考える力、行動力を備えて、将来以下のような人材として社会に役立つ人間を育成する。 1．情報化社会において、企業等の組織的活動を発展に導くとともに社会的貢献の実現にも努める経営者。 2．情報化社会における企業等の組織的活動において、自らの社会的価値観に立ちながら、経営者の構想と方針を理解し、専門的能力を活用してその実現に貢献する人材。 3．情報化社会において、企業等の組織的活動を、社会的な立場から望ましい方向に導く有識者。
経営会計学科	企業会計の仕組みとその意味を理解・修得するとともに、企業経営に関する幅広い知識と基本的な情報技術を身に付け、将来以下のような人材として社会に役立つ人間を育成する。 1．財務諸表の作成、企業経営に役立つ会計情報の整備など、会計専門職に従事する人材。 2．会計学に関する基本的な理解を身に付け、その知識を活用しながら企業活動のさまざまな分野で活躍する人材。 3．経営に関する基本的な理解を身に付け、行政や各種専門機関の立場から、会計情報に携わる専門家。

図表6　教育目的の具体化（中部大学経営情報学部の例）

第4章　学部教育が直面する問題と対応策

　例えば、中部大学経営情報学部では、学部教育目的は比較的抽象度の高い従来型の表現をとりながら、3つの学科の教育目的についてはそれぞれ3つの「代表的な将来キャリア」を挙げて「育成しようとする人材像」の具体的なイメージを提示している。（図表6参照）

[基本的資質・能力]
・自立心（自分で考え、自分で決定し、その結果に自己責任をもつ）
・公益意識と遵法精神：社会的ルールを守り、人の役に立とうという気持ちをもつ
・豊かな教養：社会的な常識と基本的な教養を身につけている
・広い視野：国際的な視野をもって物事を考えようとする
・行動力：計画を実行し、率先垂範する意志をもつ
・コミュニケーション力（他人の言うことや考えが理解できる）
　　　　　　　　　　（自分の考えを他人に伝えられる）

[総合経営]
・企業の社会的役割について確かな考えをもっている
・経営管理職能の基本的な概念とそれらの関連性を理解している
・部門間の経営機能的関連性と仕事の流れについて理解できる
・戦略的思考を身につけ、経営者が示す経営戦略や事業計画を理解できる
・経営環境の変化が企業等にもたらすリスクと機会について考えることができる
・ビジネスの歴史的な変遷（企業活動、ビジネスリーダーの経営思想など）
　　について基礎的な知識と理解をもっている
・企業活動に関する現状の問題点を発見し改善・革新しようという心構えを持っている

[人と組織]
・認識、欲求、モティベーション、ストレス等個人心理についての諸理論を理解し、自己のモティベーションを高めて、実行力を強化することができる
・コミュニケーション理論を理解し、他者と効果的にコミュニケーション、説得および交渉ができる
・リーダーシップ理論を理解し、グループの中で効果的なリーダーシップを発揮できる
・キャリア発展についての諸理論を理解し、アントレプレナーを含む自己のキャリア選択について適切な判断ができる
・戦略と組織、ワンマン組織とライン＆スタッフ組織、ジェネラリストとスペシャリスト等マネジメント主体としての組織を理解することができる
・職務、権限、権力、責任、委譲、誘因等からなる一連の組織プロセスをマネジメント対象として理解することができる
・採用、訓練、動機付け、評価等人材マネジメントの主要なライン業務を理解している
・報酬制度、評価制度、労働組合、雇用平等人材マネジメントの主要なスタッフ業務を理解している

[情報]
・ビジネスツールを使うことができる
・コンピュータのハードウェアとソフトウェアおよび関連分野の知識を知っている
・コンピュータシステムを使った経営管理に関する基礎知識を知っている

[マーケティング・営業]
・マーケティングとは何かについて知っている（企業経営におけるマーケティングの役割について知っている）
・顧客の立場から物事を考えることができる
・経営的立場から市場調査の仕事について知っている
・経営的立場から流通やサービスの仕事について知っている
・経営的立場から広告やPRの仕事について知っている
・経営的立場から営業や販売の仕事について分かる
・経営的立場から製品（ブランド）戦略や価格決定について知っている
・インターネットやＩＴのマーケティング及び販売での活用について分かる

図表7　教育目標の具体化（中部大学経営情報学部経営学科の例）

第Ⅲ部　高等教育の状況を考える

　同学部では、さらに、この「育成しようとする人材像」が学部卒業時に身に付けているべき考え方、知識、スキル等（各学科それぞれ数十項目）を「教育目標」と名付けてリストし、開講される各専門科目はこの教育目標要素のどれとどれを実現しようとするかを定め、それに沿ったシラバス

[生産]
- 企業における調達、加工、物流、リサイクルのサプライチェーンの全体像について理解している
- サプライチェーンマネジメント（ＳＣＭ）の理論について理解している
- ＳＣＭにおける情報技術の活用について理解している
- 自動車産業など主要な製造業の製造現場でのものづくりの実態を知っている
- 生産管理の基本的な仕組みと特性について理解している
- ムダ取りなど問題発見の技法について知っている

[財務]
- 金融市場の仕組みを理解している
- 金融仲介機関の構成・種類を理解している
- 企業の資金調達手段の概略を理解している
- 企業価値計測の基礎を理解している
- お金の時間価値調整ができる
- 正味現在価値と内部利益率の計算ができる
- 税金の取扱いを含めて差額キャッシュフローの把握ができる
- リスク取扱いの基礎を理解している

[会計]
- 会計は、投資決定の根本となる情報を提供することを理解している
- 財務諸表の大切さを知り、種類により違った役立ちがあることを理解している
- 経済活動の測定・伝達システムを理解している
- 簿記一巡の手続きを理解している
- 企業会計制度を理解している
- 国により会計制度が異なっていることを知っている
- 価格と原価との組合せを知っている
- 会計が意思決定の要であることを知っている
- 財務諸表に基づく企業分析・評価の方法を知っている
- 企業会計制度と内部監査・外部監査の関係を知っている
- パソコンによる経営分析・経営シミュレーションが分かる

[経済]
- 新聞の経済面を読んで、自分の意見をもつことができる
- 日本の企業、産業および経済の情勢と動向、世界経済における位置と役割を考えることができる
- 財政・金融制度の構造および政策が企業経営に及ぼす影響を理解できる
- 国際通貨、為替制度および国際収支について、概要を知っている
- 広い経済的センスと教養を身に付け、経済問題の要点を把握することができる
- 経済分析や経済統計の理解に必要な知識をもち、統計の読み方が分かる
- 財やサービスの国内外の取引について、経済学的な考え方を知っている
- 貿易の取引の仕組みと決済、貿易政策の手段や効果、通商問題の概要を理解できる
- 社会の様々な出来事を経済の側面から考えることができる

[法律]
- ビジネス人としてのリーガルマインドを体得し、企業倫理やコンプライアンス経営の意義を理解している
- 市民生活にかかわる広範な関連法規の要点を理解している
- 事業活動をめぐる主要な関連法規の要点と法的リスクマネジメントの基本を理解している
- ビジネス社会における契約の機能とその重要性を理解している
- 情報化時代に特有な法律問題と情報倫理の基本を理解している

図表7　（続き）

設計をするかたちで教育課程を再構築しつつある。（図表7は、同学部経営学科の教育目標を例示したものである：現在、改訂見直し中）

このように、教育目的を「育成しようとする人材像」として具体化し、さらに学部卒業時に身に付けているべき考え方、知識、スキル等から成る「教育目標」まで分解しそれを授業科目のシラバスとリンクさせることにより、「教員が教えたいこと」ではなく「当該学科が育成目的とする人材像」に向かって勉学に励む学生たちが「学ぶべき内容」の授業の割合が増え、開講する専門科目の授業が学生の成長につながりやすくなる。

4－2．大学院授業への学部生参加

もう一つは、学力上位の学生たちに学部在学中（原則4年次）から大学院（修士課程）の科目を履修させるという方法である。大学院の授業科目の中には、受講可能学生数の枠をかなり下回っている科目も少なくない。そうした大学院の授業に優秀な学部生が参加することには一石何鳥かのメリットがある。

まず第1に、新たに高度な内容の授業科目を新設することなく、「もっと高度なことを学びたい」と思う学力上位学生のニーズに応えることができる。第2に、そうした優秀な学部生が授業に参加することで、正規の大学院生たちに「学部生には負けられない」という緊張感（プレッシャー）を与えられる。

さらに、そうして取得した単位を大学院に進学すれば後で単位認定するという付帯規則を定めれば大学院へ進学する学生を増加する効果も生まれる。この付帯規則を活用して「1年間で修士課程を修了することも可能」という仕組みまで用意すると、優れた学生の大学院進学がさらに促されよう。

仮に1年で修士課程を修了することができない場合でも、学部時代から大学院レベルの勉学をスタートし授業科目の単位取得を先行することで、大学院入学後の勉学を一層厚みのあるものにしたり修士論文研究の内容を充実することができる。また、こうした学生たちの挑戦と努力を後押しするためには、学部教育課程の早い段階（1～2年次）から、先に触れたレベ

ル別授業や特進クラス的な授業を少数用意することも有効であろう。

　そもそも、次節で述べるように、科学技術が進歩し社会が複雑で変化に富む現代、様々な分野で「専門家（プロ）」の道を志すためには、もはや優秀な学生にとっても学部教育だけでは不足であり、少なくとも修士課程まで延長した高等教育が必要になってきている。その意味で、学力上位の学生たちに学部在学中から大学院の科目を履修させることは、彼らの学習意欲と（学部生としての）成長を促すだけでなく、「修士課程まで修了した本格的なプロの卵」をより多く育成するという社会的意義も持っている。

5．高等教育の再構成

　この数十年間、科学技術は長足の進歩を遂げ、その道の研究者を志す人たちばかりでなく各分野で実践専門家として活躍しようとする人々にとっても、修得すべき基礎的知識やスキルは益々高度なものになってきている。そうした事情は、いわゆる理系分野だけでなく、文系分野でも生じている。

　経済活動をはじめあらゆる人間活動がグローバル化し、その隅々まで多様なかたちで情報技術が浸透し、人々の様々な行動がスピードアップし、政治・軍事・金融などを含む複雑でダイナミックな変化が個人と組織と社会を振り回すようになっている。こうした世の中で何らかの分野の専門家やリーダーとしての役割を担うためには、実践活動に入る前に関連分野を含む専門領域で、以前を遥かに上回る基礎知識と、広い視野と長い時間的視点をもって複雑な問題を論理的に考え抜く思考力を身に付けておく必要がある。

　また、理系・文系いずれの領域に身を置いて活動するかにかかわらず、地球環境の破壊や自然資源の枯渇といった全人類の生活を脅かす問題が重大な制約条件となりつつある。その一方で、様々な物やサービスの取引を過度に貨幣市場化したうえ実物経済を遥かに上回るほど金融経済を肥大化させてしまった現代社会において、我々は、そうした重大な制約条件を素直に考慮し、（本来目的であるはずの）「人間の生活を幸せにするための経済活動」を行いがたくなってしまってもいる。この困難な状況の中で指導的

な役割を担うリーダーや専門家としての役割を担うためには、一人の人間としての広く深く温かい心を養ってもおかなければならない。

このように、これからの時代にリーダーや専門家としての役割を担おうとする人材は、専門家の道を歩み始めるための準備段階で、以前より拡大・高度化した基礎知識と思考力を身に付け、心の修養も心がけなければならず、それには（学部教育だけでは不十分で）少なくとも大学院修士課程での勉学が必要になってきている。

深く高度な専門知識を別にすると、できるだけ広い視野と長い時間的視点で物事を考え、広く深く温かい心を養っておくことは、リーダーや専門家になる人々ばかりでなく、社会の様々な分野で活動する中堅層の人たちにも求められる準備である。これは、大学での勉学の中でこれまで「教養教育」と呼んできた部分を、優れた社会人となるための「人間力」を準備するという観点から再設計・拡充する必要があることを意味している。

リーダーや専門家を目指す人材の大学院修士課程への進学（学習期間延長）を促進し、リーダー・専門家人材と中堅層人材が共に求められる「教養教育」（優れた社会人となるための人間力涵養）を拡充するという現代的

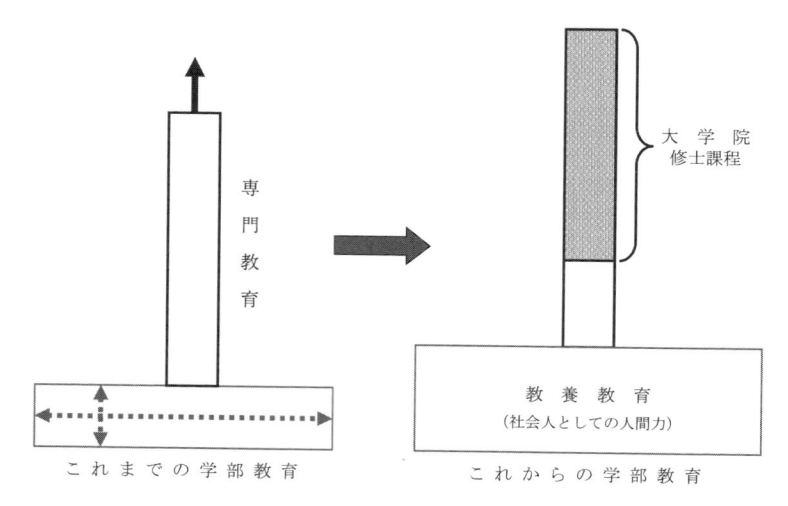

図表8　高等教育の再構成

教育ニーズに対応するためには、以下に述べるように、学部（学士課程）と大学院（修士課程）の教育の在り方を抜本的に再構成する必要がある。（以下、図表8参照）

　まず、学部（学士課程）においては、従来型の専門教育を基礎的内容に留めるかたちで圧縮し、より多くの授業（講義・演習）時間を上記の「教養教育」（優れた社会人となるための人間力涵養）に配分する。多少極端な言い方をすれば、学士課程は若者たちが「各専門分野の色の付いた教養教育」を受け「一人前の社会人になる準備を行う場」と割り切るくらいの発想の転換が必要であろう。

　これに合わせて大学院修士課程の教育も変革する必要がある。日本の大学院の修士課程は、多くの場合5年制博士課程の前半（博士課程前期）に位置づけられ、学者・研究者を志す人々がその専門キャリアの基礎固めをする役割を担ってきた。しかしながら、これからは、上記のような事情から、多くの専門分野において、（学者・研究者ばかりでなく）各分野の実践専門家を目指す若者たちがその基礎固めをする場としての役割を大学院修士課程が担ってゆかなければならない。

　こうした変化は、医学や工学の分野ではすでに実質上行われてきており、実践専門家（医師や専門技術者）を目指す多くの若者たちが、学者・研究者を目指す人々と混在しながら勉学に取り組んでいる。しかしながら、専門分野は共通でも、学者・研究者になるための基礎固めと実践専門家になるための基礎固めとでは求められる内容に様々な違いがある。

　近年日本でも政府が法務や経営管理の分野を中心とする専門職大学院を制度化したのも、まさにこのことによるものである。様々な制約条件がつきまとう専門職大学院を組織化しないまでも、新時代の実践専門家を育成しようとする大学は、学者・研究者の育成を目的とする既存研究科のなかに実践専門家の育成を目的とした専攻やコースを体系的に整備し、そうした道を志向する人々の勉学が効果的に行われるようにする必要がある。

6．結び

　以上、本小文では、日本の多くの大学が学部教育において現在直面している問題とその背景原因およびその対応策について私見を述べてきた。議論の最終部においては、学部の教育問題に対応する上で切り離すことができない大学院教育についても多少踏み込んだ考察を加えた。ここで述べた内容は、筆者自身の限られた経験と観察およびこの問題に強い関心をもつ同僚や学外関係者との意見交換にもとづく筆者の認識を整理したものである。

　言うまでもなく、我々の社会が今後どのように変貌してゆくかは、いま我々の前で学びの期間を過ごしている若者たちに大きく依存している。大学が小中高段階の教育を批判し、学校が家庭の子育てや躾を批判し、親たちが政治や社会全体あるいはそれをリードすべき大学の努力不足を批判するという責任の押し付け合いをいくら繰り返しても、問題は解決しない。

　若者たちが勉学過程でよりよい準備をして社会に参加し、彼ら自身がよりよい人生を送ると同時によりよい社会を形成するという好ましい連鎖が生まれるよう、我々がそれぞれ身を置く場で「可能な努力」を積み重ねてゆくしか解決の道はない。そのためには、それぞれの場に身を置く一人ひとりの関係者が、そうすることの必要性を自覚し、その方向に向かって自らも行動する決心をする必要がある。

第5章
生命医科学教育のアウトカムズ

伊藤康彦

　最近テレビで今村昌平監督、柄本明主演の映画『カンゾー先生』を観た。日本が敗戦を間近に控えた頃、肝臓疾患が流行していて、どの患者を看ても、「肝臓炎」としか診断しないことから「カンゾー先生」と揶揄された医者と、彼をめぐる人々の人生と生活を描いた喜劇映画である。カンゾー先生が生活に疲れ、気分を直すために東京で開かれた医学部の教室の同門会へ出席したシーンがあり、最長老の医師役で出演していた「俳優」を観て、姿や動作が高橋晄正先生そっくりだったので、出演者をもう一度見直したところ、間違いなく高橋晄正先生であった。先生が映画に出演していたとは知らなかった。約40年振りの再会であった。

1．高橋晄正の目指したもの

　1964年の夏、長野県八千穂村での学生村の帰りに、小淵沢駅で下車し、駅の近くの本屋で、高橋晄正先生の書かれた『新しい医学への道』（図表1参照）を見つけ、余りにも面白く帰りの電車の中で景色も見ず、読みふけっ

第5章　生命医科学教育のアウトカムズ

図表1　高橋晄正氏と著作

たことを思い出す。『新しい医学への道』は8章から構成されていて、「決別の言葉」から「新しい医学への道」までとなっている。第一章の「決別の言葉」の内容を紹介すると、昭和16年の太平洋戦争の開戦の年になって急遽、その年の12月に卒業式があると宣言され、にわかに臨床研修みたいなことが始まり、12月に東京大学を卒業した。130人ぐらいの卒業生の多くはそのまま戦場に行き、兵役の甲・乙に落ちた高橋先生も2年後には戦争に行かされた。130人の同級生のうち20数名が戦死したそうである。高橋先生はとにかく昭和20年に生きて帰って来て、診察に戻ることになった。高橋先生は医療現場で誤診が日常的に起るのを間近に見ることになった。

　彼は誤診について次のように言っている。「誤診の原因を考えてみると、一つには患者が医者に正しい情報を与えないことがある。その場合にも二つあって、一つは患者が医者にウソの情報を与える時、もう一つは本当に患者が知らなくて情報を与えない時、である。それからもう一つは、診察や検査が誤っていたり、必要な診察や検査をしていないということである。形式的には診察や検査を行っているけれど、正しい結果が出ていない。また結果を正しく評価していない場合がある。それから、特に生まれたての臨床医は、見たことのない病気に出くわした時に診断を誤ってしまう」そこで高橋先生は、医者は不十分で不完全な情報群から出発しなければならない職業であることを自覚し、古い医学に決別し、新しい医学の道を模索

することになった。

2．高橋先生が目指した新しい医学とは何であったか

　まず最初に試みたのは、推計学や統計学を基礎に、不完全情報系における診断という行為を客観化しようとしたことである。その例をあげてみよう。その当時肝臓の機能を調べるには数十個の検査法があったが、そのうちの六つだけを選び出し、今でいう多変量解析、昔でいう判別関数を用いて胆石の診断をやってみた。残念なことに 13% ほど誤診があったが、たった六つの肝機能検査で、肝臓については素人以上でない者が 8 人に 1 人の割合でしか誤診しなかった。診断過程に推計学を応用することの有効性を高橋先生は確信した。

　次に行なったことは、その頃急速に発展してきたコンピューターを用いて、自動診断をすることであった。先天性心疾患には心室に穴があいている心室中隔欠損、心房に穴があいている心房中隔欠損、左心室から出るはずの大動脈が右心室におよんでいるファロー四徴症がある。胎生のときは肺動脈と大動脈は通じているが、生まれると閉じるのだが、それがなかなか閉じないのが動脈管開存症で、もう一つが肺動脈狭窄で、この五つが代表的な先天性心疾患である。この先天性心疾患の診断は通常は経験の深い臨床医が診断することになっていたけれど、高橋先生はこれをコンピューターにやらせようとした。200 個ぐらいある検査から 23 個の検査を抽出し、それだけのデータを判別関数で、コンピューターを用いて解析したところ、驚いたことに心房中隔欠損では 92%、心室中隔欠損では 94%、ファロー四徴症では 98% の正答率で、平均して 95% というものであった。経験豊かな名医といわれる人たちでも大体 5% の誤診率だといわれた時代に、レントゲン写真やカテーテル検査を使わずに、95% の正確さをもって診断できることは高橋先生達にとっても驚きであった。続いて、コンピューターを用いて、自動診断機をつくろうとして、心電図の自動診断を試みた。多くの研究者が努力し、心電図の自動診断は完成し、現在の心電図計には自動診断能力が標準的に装備されている。

高橋先生が目指した新しい医学とは推計学やコンピューターを応用して、不確かな診断過程を客観的にすることであり、「計量診断学」という名前を提唱した。

3．治療学の危機

　現在、薬の効果を解析するためには二重盲検試験、すなわち被試験者も試験者も使用されている薬剤が真の薬剤か偽薬かは知らない、で行うことは常識になっているが、日本においては長い間、薬効評価論文には「雨乞いした」「雨が降った」「だから雨乞いは効いた」という「雨乞い3た論文」というものは非常に多かった。要は、「使った」「治った」「効いた」となるわけである。偽薬（プラセボー）の重要性は認識されてこなかった。イグ・ノーベル賞という面白いものに与える皮肉っぽい賞があるが、数年前の医学賞は「偽薬のうちでも安い薬よりも高い薬の方がよく効くことを初めて証明した」ことが受賞した。私たちの体は非常に微妙にできていて、「高い薬ですよ」と言われるだけで効いてしまうことがあるので、こういうバックグラウンドを除かなければ治療効果を調べることができない。

　私たちの体は、環境も非常に複雑で、個体構造も複雑なので、非常に多変量な要因で動いており、さらにそれがフィードバックされて制御され、成長したり、また病気も刻々と変わってゆく。こうゆう複雑な対象を扱う時には、対象を整理しなければならない。たとえば、比較するグループを非常に均一にすることが大切である。種族差、経歴、性、年齢や病気の種類とかいうものを一つの層の集団としてまとめる必要がある。バラツキのある集団とバラツキのある集団を比べてもなかなか正確な結果が出ない。そういう集団を対象にして、統計という手段をつかって統計的な法則でその効果を推測することができる。

　高橋先生は上にあげた二つの原則を用いて、肝臓に対する薬、いわゆる強肝薬を調べたところ、ことごとく効果がないことが明らかになった。その一つの原因は、試験官や体の中で局所に効いても、全体としてどのように効くかは分からないところにある。また、例えばTCAサイクルの中の

一つの因子を投与しても TCA サイクル全体が効果的に動くかどうかもよく分からない。高橋先生は薬効評価の科学的解析法の確立に貢献された。

　高橋先生の著書『新しい医学への道』の最終章では、「新しい医学への道は、私たちの真の健康への道である。それは、医学を科学に高める道である。そして、私たち医学を志した者たちにとって、それは真実に生きる道である」という感動的な格調高い文章で結ばれている。

4．計量診断学の限界

　その後、高橋先生とその協力者は多方面の分野で研究を進め、1969 年には『計量診断学』という本をまとめた。その本を見ると、本当に多くの領域に計量診断学が普及しつつあったことが分かる。例を挙げると、「胃カメラ所見の計量診断」や「外科的腹部救急疾患の計量診断」の項もある。彼の書いた『計量診断学の現況と将来——計量診断学概論』には、「1970 年までには可能なすべての領域での計量診断の体系は整備され、臨床医による経験的診断との厳密な比較が行なわれるであろう。その優劣はすでにおのずから明らかである。計量診断学の当面する基本的な限界は、患者の心理的な不安を癒やす心理療法の実践者となりえないということだけである」

　現在、「計量診断学」という言葉や声を聞くことは残念なことに全くない。「計量診断学」、高橋先生が実践された新しい医学のとこに限界があったのだろうか。私が 1972 年に発表した論文『計量診断学の方法論的分析』の中で、計量診断学の限界として次の 3 点を挙げた。

　第一点は、高橋先生は医学と医療行為を明確に分けてはいないということである。高橋先生は次の様に書いている。「医学は理論的な完璧性を追いかける純粋科学ではなく、現実を泥にまみれながら少しでも病人の苦痛をやわらげ、病気による生体のしくみのゆがみを正して行こうとする現実的な実践である」この言葉は、医療行為としてそれは非常に正しいが、医学と医療はやはり違ったもので、医療行為即医学、医学即医療行為ではない。これが高橋先生の持っている一つの大きな限界ではないかと指摘したわけである。医学は医療（行為）を支える基盤的な科学であるということを正

確に認識し、実践の立場で規定してはいけない。

　2点目は、医学の科学化・客観化という問題に正しく答えたかということである。医学の科学化・客観化はコンピューターを用いることだけによって、成し遂げられるとは思われない。

　3点目は、計量診断学は診断学への介入を全面的に行なっているかという疑問である。診断を客観化をする方法として、第1に決定力の高い情報の発見、第2に効率の高い情報獲得手段の開発、第3に情報処理の改善という三つがある。計量診断学は最後の情報処理の改善のところのみを目指している。それも非常に大事だけれど、やはり決定力の高い情報の発見、効率の高い情報獲得手段の開発も非常に大事なわけである。その後の診断学の発達を見ていると、一番寄与したものは画像診断法であるということで、決定力の高い情報の発見とか情報の獲得手段の開発がものすごく進歩して初めて現在の診断学が昔と比べて格段に確実性を増した。従って、最後の情報処理の改善だけをやっていたのでは、必ずしも計量診断学にもとづいて医学全体を改革することはできないと指摘した。

　私はその論文で、計量診断学の本質として、「推計学的方法による医学の整理学で、科学技術革命の医学上のあらわれである。そのもっている方法論は技術的性格を濃厚にした戦術的方法論である」と書いた。若さゆえの表現で恥ずかしい思いもするけれど、要は、高橋先生が試みられた計量診断学は医学全体を改革するようなものではなく、出発点にはなるけれども、その延長上に全体の改革はないのではないかということを生意気にも断言したわけである。

5．現在に於ける計量診断学の位置

　では、計量診断学は現在どうなっているのか。例えば、川喜田愛郎先生の『近代医学の史的基盤』では計量診断学どう扱われているだろうか。この著作は現代医学を扱っていないということもあるが、「診断法の新しい展望」という章では、例えば、画像解析の発達とか中央検査室のような検査の領域の基盤構造の成立だとかいうものがいくつか取り上げられている。そ

れに発売が1977年であるから、どこかで「計量診断学」について触れられていてもいいのではないかと思うが、川喜田先生の本にはどこにも見出すことができない。次に、2008年に発刊された『誰も教えてくれなかった診断学』という本を読んでみたが、「計量診断学」の名前はどこにもでてこない。

　私が『計量診断学の方法論的分析』で書いたことは、診断の客観化には、効率の高い情報獲得手段の開発や決定力の高い情報の発見を確立することも非常に大事だということであった。画像診断については日本が非常に貢献した。超音波を使って診断をするというのもかなりの部分は日本のオリジナルである。私の在学当時、名古屋大学の放射線科の高橋信次先生が回転横断撮影という方法を発明され、CTの原理に肉薄していた。高橋暁正先生たちも他分野、特に数学者と共同で研究開発を行い、数学者とも協力して「計量診断学」の建設を目指していたが、全面的に医学を扱わないと自動診断に終わってしまうのではないかと危惧していたが、やはり現実にはその段階で終わってしまった。

6．高橋先生のやり残した問題

　もう一つ当時気になったことは、高橋先生の思い描いている医師像に医学・医療を切り開いてゆく気迫に欠けるのでは、ということであった。高橋先生が考える計量診断学体系確立後の医師のイメージは「①計量診断のルートに乗りにくい医学の領域が存在し、その典型的な例が精神科である。そこでは古典的な医療の形態がもっとも遅くまで残る。②技術者としての外科医。③科学を踏まえた牧師」というものであり、あとは全部計量診断学が自動的にやってくれるという医師像はあまりにも貧困ではないかと思った。

　もう一つ納得がゆかない高橋先生の文章があった。1970年に書かれた『現代医学』（図表1参照）のなかで、これからの医療はどうあるべきかと問い、「これまでのように医師を中心とし、すべての医療従業員がそれに従属的に直結する形であっていいのか、それとも医師をも一つの構成要員とした専

門技術者の集団として有機的な相互依存関係として再編されるべき時期にきているのかが、医療の本質論・技術論の立場から科学的に検討されなければならないだろう」大学闘争の嵐をくぐり抜けてきた高橋先生がまだこの段階に立ち止まっていることへの違和感があった。医療というのは、多くの医療人の協力で行なわなければ、目的を達成することができない。「医師をも一つの構成要員とした専門技術者の集団」の形成を目指す方向に、高橋先生に向かって欲しかったし、現在私たちに問われていること、そして現在の医療の崩壊を解決する方法の唯一の方向はここにある、と私は考える。

　前述したように高橋氏が提示した医師像は非常に貧困であるので、私たちは正しい医師像を創造する必要がある。また、医学・医療に携わる人材は多彩であるので、医師像というだけでは狭すぎ、新しい医療人像を創り上げなければならない。一つの側面は、科学的方法論の上に立って生命医科学を推進する医療人であることである。それも、医学だけではなくてほかの領域のものも含めた生命医科学を推進する医療人でなければならない。次に必要なことは、医学・医療の分野は高い倫理性、高度な科学知識と高い水準と慎重な技術が要求される分野であるので、それらに適格性があることである。そして今後一番大事になることは、医療を担う全職域の人々との共同作業者としての医療人である。このような医師像、いな医療人像、を創造していくことは、高橋先生をのりこえ、高橋先生のやり残された新しい医学への道を開拓することにつながるだろうと信じている。この新しい医療人を基礎として、新しい医療体制をつくっていくこと、これが高橋晄正先生の最終的に目指していたものではないかと思う。

7．医療を基礎づける医学の限界

　医療を基礎づける学問は医学であるといわれている。私も若い時に、「医学はヒューマンバイオロジー」と定義したこともあった。医学の基底に自然科学があるのは間違いないが、社会科学や人文科学の側面もある。衛生学や公衆衛生学では社会科学的側面が、精神医学の場合には人文科学の側

面が強く反映される。こういう多面的な科学の成果や思想を基礎にしなければ、「医学とは何か」ということは規定できない。ただ、特に自然科学としての観点から考えたときでも、主として医学部が推進している医学だけでは、「医療を基礎づける学問」としては限界を既に露呈している。一方では、医学には医療や医療技術という実践的役割の側面も強く要請されている。例えば農業実践への貢献が期待されている生物学や遺伝学でも科学と実践の関係は、医学と医療の様な、直接的な関係ではない。医学と医療の関係は直接的な表裏の関係である。ここに医療系学問の特異性が存在する。

中部大学の私たちの学科の名前、生命医科学科、という名前を冠した学科は、当時、日本で一つも無かったので、その設立に大変御苦労されたと聞いている。しかし、従来の「医学」という狭いカテゴリーでは、現在に於ける医学系の学問内容を規定できなくなっていて、「生命医科学」のような広い概念が必要だと思われる。

8．生命医科学とは何か

中部大学生命健康科学部設置認可申請書には次の様に書かれている。
『21世紀型の疾病の病態、健康障害および健康不安の解明に基づく予防・診断・治療に必要な薬物、資材、器機および医系技術の開発研究を根底で支えるためには、基礎医学と生命科学技術に裏打ちされた複合的な学術領域である新しい生命医科学科を確立することが必要である。現在までに生命理学、生命薬学、生命農学、生命工学などの新しい複合的な学問領域が提唱されており、それぞれにおいて生命科学（技術）に裏打ちされた理学、薬学、農学、工学の教育と研究が活発に進められている。本学部が設置を目指す生命医科学は、これらと対比される医科学に基軸を置く複合的な新領域です。新学部に設置する生命医科学科では、健康・予防の課題意識を持って基礎医学と生命科学技術を習得し、その上で21世紀型の健康上の諸課題を幅の広い複合的な学術的専門性を持って、特に疾病や障害の発生予防を目指して挑戦するとともに、そうした開発型の研究の成果を実践的に社会に還元することのできる学際的で総合的な判断力と実行力を備えた次

世代の人材を育成する』

　今私達は、生命医科学を、医学を支える基礎的科学、医師の医療行為を支える基礎的科学のみではなく、医学、薬学、獣医学、農学、理学、工学、薬学等のみならず医療系の諸学問との総合的共同による、さまざまな医療や医療行為を基礎づける科学として、把握する必要がある。その生命医科学は医学のみならず、薬学、看護学、臨床検査学、放射線技術学、理学療法学、作業療法学や臨床工学等の医療系諸学問を基礎づける学問でもある。更に、医師、薬剤師、看護師、保健師、助産師、臨床検査技師、診療放射線技師、理学療法士、作業療法士や臨床工学技士等の行う（医療）行為を基礎づけるのが生命医科学である。「生命医科学教育のアウトカムズ」について考える前に、生物学や医学のもつ限界を機械論と要素論の観点から考えてみたい。

9．機械論と要素論を乗り越えた生命医科学の確立

9－1．機械論とは何か

　生命医科学の基礎をなす生物学の発展を支えている機械論について考えてみたい。普通機械論は二種類の概念の反語として使用される。一つは生気論に対する場合であり、もう一つは弁証法に対する場合である。機械論の積極性を主張するときは前者に強調点がおかれ、否定的に把握される場合は後者が援用される。もっと一般的な規定として、岩波の生物学辞典は次の5つを挙げている。

1）古典物理学での力学の原理による生物現象の説明
2）生物現象は物理・化学的に説明つくされるという解釈
3）生物体に起る現象は生物体を構成する物質的要素のそれぞれの単独の性質の加算として理解できるという方法論的立場
4）因果的あるいは決定論的説明を意味し、目的論的あるいは非決定論的説明に対立する
5）超越的原理を含まない説明、これは厳密な意味で生気論と対立する

そして注釈として「以上、各種類の意味はしばしば十分に意識的に区分されずに用いられており、また実際上それらが互いに深く関連する場合も多い」ということが追記されている。

近年は要素論的解析を機械論と結びつけて議論する場合も多い。

9-2. 要素論とは

要素論とは科学史家、広重徹氏の論考等によって、より広まった概念であり、現代科学の成果が、基本的には要素論的解析によって成し遂げられたことは疑いのないところである。では、要素論とは何であろう。広重氏の言葉を聞こう。「機械論の基本的な特徴は、一つの全体を単純な要素に分解し、個々の要素の性質・行動を知ることによって、それらの要素についての知識から全体を構成的に理解しようとすることにある。このような要素論的思考こそが、近代科学の基本的な方法だといってよい」。生物学の場合は、要素にあたるものは多彩で、臓器、組織、細胞、細胞構成要素（主として、核酸とタンパク質）など、多層構造をなしている。

9-3. 機械論の意義と限界

戦後、多くの生物研究者が機械論について論じた。代表的な研究者の一人として八杉龍一氏がいる。八杉氏は自分の検討する機械論を「生命現象を支配する超自然的原理の存在を否定し、全ての生命現象を無生物的現象、すなわち、力学的現象ならびに物理学的現象に還元するもの」と定義した。そして最初、機械論の原理による生命現象の解明の際に陥りやすい弱点を次の様に指摘した。

(1) 生命のオーガニゼーション、すなわち、生命現象の段階的発展を見失うおそれがある。
(2) 非歴史的生物学におちいるおそれがある。
(3) 部分の現象をしばしば全体の現象から切り離すことになってしまう。

このような危険性に機械論が陥りやすい根底的理由として、「生命現象はほんらい物理学的方法で説明しえないものであるのに、機械論はそれを可

能とする前提に立っているから誤りだ」としている。しかし生気論に対する機械論の有効性を前面に出すときは、「機械論にはたしかに積極的な面があって、生命現象の物理的理解を押し進め、実験生物学の発展をうながす動力としての役割を果たした」と述べている。

　方法論には、世界観的認識の意味と具体的方法の論理という二種類の異なる概念が含まれている。『計量診断学の方法論的分析』のなかで、それを戦略的方法論と戦術的方法論と名付けたことがある。この概念を援用すると、機械論にも戦略的段階と戦術的段階があり、そのもっている戦略的方法論の誤りが、直ちに戦術的方法論の有効性への否定と結びつかないことを示している。八杉氏は、それについて、「機械論的生命観と機械的方法」の区別を提案し、「機械論的生命観を否定するあまり、機械的方法の有効性まで否定してはならない」と論じた。しかし八杉氏はその両段階の内的連関についてはなにも論じていない。さらに、機械論的生命観の誤りについての理解も誤っている。「生命現象はほんらい物理学的法則では説明しえないものであるのに、機械論はそれが可能とする前提に立っているから誤りだ」とか「現在の生物学者で生物学現象に物理学および化学の法則にそむくものがあると信じているものはないといってよいのであるが、〈そむく〉のではなく、物理・化学の法則で〈説明されない〉ものが有るかどうかは、べつ問題である」とパラフレーズしても説得的ではないし、機械論的原理の典型である分子生物学（特に分子遺伝学）の最近の驚異的発展に関しては、何ら説明ができない。この、「機械論的原理の典型である分子生物学（特に分子遺伝学）の最近の驚異的発展に関しては、何ら説明ができない」という発言は、1972年の私の論文に記載したが、近年の佐々木氏の『科学論入門』（1996）にも機械論的方法が最も成功した例として、分子生物学が挙げられている。

　機械論的生命観の欠陥は、生命現象にあらわれるものは"理論的"には、すべて物理・化学の諸概念・法則に還元されるが、すべてが解明されているわけではないので、"現実"には不可能であることに由来する。戦術的方法論は"理論的"には全一的に正しいが、"現実的"には科学認識の限界に制約されて一定の範囲でしか有効性を示さない。この限界を乗り越えるた

めには非機械論的な戦略的方法論が要請される。もう一方では、素直に考えなければならない問題がある。あれほど機械論的／要素論的偏向を非難されつづけた分子生物学、特に機械論の代表として標的にされつづけた分子遺伝学が驚異的な発展を続けた。現代遺伝学が予想し、発見した遺伝子＝DNAこそ要素的／粒子的／機械的産物の代表的成果である。機械論的発想でここまで解析が進むということは、自然の構造がこれまでいわれてきたような弁証法的構造ではないとはいわないまでも、機械論的自然像が近似的にはかなりの程度現実の自然像を反映していることは、認めなければならないと思われる。

9-4. 生物学・医学の発展の機械論的性格

生物学と医学の発展においては、機械論的解析が大きな役割をはたしてきたし、現在も果たしつつある。二人の科学史家の発言を聞いてみよう。

1）19世紀初頭の生物学は、まだ生気論の支配を脱していなかった。しかし、ラヴァアジェに始まる生体内化学過程の研究は、有機科学の発展に助けられて大いに進んだ。他方、エネルギー恒存則の成立は神秘的な生命力というようなものの存在の余地をなくし、生命現象の物理学的研究をうながした。フランスの生理学者ベルナールが1865年にあらわした『実験医学序説』は、これらの成果の上にたって生気論を徹底的に批判し、生命現象も物理学的・化学的に研究されるべきことを主張して、生物学を機械論の上にうちたてようとマニュフェストしたものに他ならない。

2）形態の面からの機械論化は細胞説の確立によって道を開かれた。機械論の基本的な特徴は、一つの全体を単純な要素に分解し、この個々の要素の性質・行動を知ることによって、それらの要素についての知識から全体を構成的に理解しようとすることである。このような要素論的思考こそ、近代科学の基本的な方法だと言ってよい。細胞説は要素論的方法が生物学においても根をおろす基礎をおいたものといえる。じっさい、細胞説の確立者たちは個々の細胞を独立のものと見、生命の基礎は全体としての生物ではなく、構成要素たる細胞にあると主張した。

3）病理学における機械論的思考を一層強化したのは、細菌説の勝利だっ

た。パストゥールとコッホは多くの伝染病が特定の細菌の侵入によってひき起こされることを実証した。この結果はただちに感染の予防、治療の強力な方法の確立に道をひらいた。

4）19世紀の生物学は、生物の歴史性を明らかにした進化論の確立というもう一本の大きな柱をもっている。その進化論でさえ、その機械論的、原子論的説明への努力をよび起こしたことが注目されねばならない。ダーウィンそのひとが、遺伝と進化を説明するために「ジェミュール」という、細胞よりさらに小さい生命の単位要素を想像した。その後ネーゲリやワイズマンらによって、同じ考え方にたつ進化の説明が執拗にくり返された。生体の構成要素として細胞をとらえた以上、進化はなんらかの細胞の変化を予想せねば理解できず、細胞の変化を機械論の立場で理解しようとすれば、それをさらに小さい構成要素からなるものと考える以外に道はない。これはまさに、物理学における原子論がたどって成功した道である。そして実際生物学においても、20世紀にはいって、こんにち分子生物学は生命の要素的単位を核酸とタンパク質に求めて、これらの単位がいかにして子孫へ伝えられ、変異を起こすかのメカニズムを追求することに成果をあげているのである。

5）生物における発展は、最新の物理学的・化学的研究手段を駆使して行われた。それが実現した成果は、核酸とタンパク質が、子孫へと遺伝的に伝えられる生命の要素的単位であることを明らかにし、その伝達・再生のメカニズムを解明しつつある点で、進化論の機械論的説明を与えようとしていささか不細工な仮説をいじくり回していた19世紀の先人たちの志をうけつぎ、かなりの成功にまでもたらしたものといえるように思われる。（以上、広重徹編：科学史のすすめ、筑摩書房、1970）（図表2参照）

6）20世紀は分子生物学が発展し、機械論的原理が生命にまで及び始めた画期的な時代である。そして、脳はコンピューターと類比的に理解されるようになり、先端医療器機が臨床現場で深く浸透するようになる。外科手術の技法も未曾有の発展を遂げる。他方で、精神医学によって人間の意識の下部構造が解明され始める、という機械論的原理の拡大という近代医学の一般的な趨勢では推し量り難い事態も生じた。（佐々木力：科学論入門、

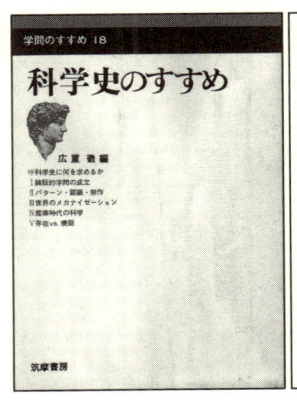

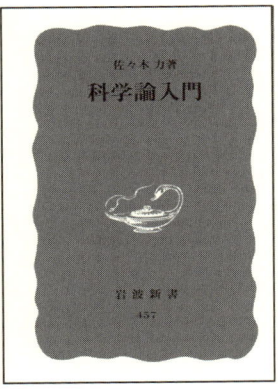

図表2　科学史家著作

岩波書店、1996)（図表2参照）

　以上の説得力のある科学史家の意見に耳を傾けると、近代医学が近代自然科学に基礎をおく普遍的な分析的・機械論的科学であり、そのうえに立つ医療技術が要素論的技術である、という側面が非常に濃いことは否定できない。今後臓器移植医療や再生医療の発展が、この側面をさらに強めていくことは疑いえない。ここではそれらの医療について議論することはしないが、ただ、次のような意見に共感する人も多いのではないだろうか。吉村昭氏の作品に感動的な私小説『冷い夏、暑い夏』がある。「何の自覚症状もなく発見された白い影、激痛にもだえ人間としての矜持を失ってゆく弟、深い鎮魂に至る感動の長編小説」という著書の中で、吉村氏は書いている。「ダバル氏は、人体を多くの部品によって組立てられた機械のように考え、心臓—部品が動いていることは、娘の一部が生きていることと考えているらしい。それとは対照的に、私たちの死に対する考え方は、はるかに情緒的なもので、人体は決して物体ではなく、死は安らぎを意味する。死は、或る瞬間に犯しがたい確かさで定まり、その直後から死者は追憶の世界にくりこまれる」（吉村昭：冷い夏、暑い夏、新潮社、1984)

　医学や生物学において機械論を乗り越えることは非常に難しいが、総合科学である生命医科学おいてこそ、人間学を中心にして、機械論的／要素

論的でない科学を建設できるのではないか。生命医科学を基礎とする医療技術においてこそ要素論的技術を乗り越えることができるのではないか。その前提として、科学技術論の生命医科学史モデルの確立の必要性を考えてみたい。

10. 科学技術論の生命医科学史モデルの確立の必要性

　科学・技術の負を代表するものは軍事科学・軍事技術である。残念なことに、科学・技術は戦争によって進歩してきた側面があることは否定しがたい。一方その対局にあるものとして、医学・医療技術があるといわれることがある。これも、残念なことに、負の側面のあることも否定できない。医学・医療の発展に戦争が果たした役割は大きいものがあり、医学・医療の支えなしに戦争は遂行し得ない。しかしながら、本質的な側面として、医学・医療には正の側面もある。医学・医療には複数の起源があるといわれているが、その主要なものの一つに「人の人に対する癒し」がある。

　従来、科学技術のモデルは、軍事科学であったり、物理学であったりしたが、佐々木力氏は、ある看護学校の科学史の講義の経験の中から、「科学技術論の看護術史モデル」を提唱している。
「人類史の他方の側面には建設的文化の歴史がある。戦争が人間の歴史の悲劇的側面であるとすれば、人の苦痛を癒そうとする人間の知恵の蓄積があったことをも忘れてはならない。それは医学の歴史である。人間が苦悩を和らげようと努力してきた事実から目を背けてはならないだろう。科学技術について論ずるのに、医学、とりわけその歴史に注目して議論する姿勢を、『科学技術論の医学史モデル』と名づけよう」とあり、今後の科学論は医学を中心にすべきだと言っている。佐々木氏の著書『科学論入門』を読み進んでゆくと、この医学というのは、もっと正確に言うと看護術だと彼は書いている。「近代医術の対象となる機械としてのヒトは、そのまま人なのではない。病という苦悩をかかえる患者は、社会的人間として人格をそなえ、人類の文化遺産としての最良の医術のほどこしをうけ、人間らしい環境で可能な限り生き、そしてしまいには尊厳をもって死んでゆくべき

存在である。患者が人間らしく生きる環境を整え、病気の根治がもはや期待しえない場合でも、病という悩みを軽減する技術が看護術である。——私は先に、「科学技術論の医学史モデル」という考え方を提唱したが、この語句の中の「医学」という語彙において強調されるべきは、なかんずくケアの「技芸」としての看護術なのである」

　ただ、佐々木氏は「医学の対象は病という悩みをもつ人間である。医学の基本は「臨床医学」にある。医学は科学理論というより、むしろ病む人間を対象とする技術なのである。医学は、その意味で、すぐれて医術なのである」と書いているように、佐々木氏の医学理解は高橋晄正氏の医学理解と同一である。即ち、医学を実践の立場で規定しているところに限界はある。さらに、医学のもつ歴史的な負の側面については十分な考慮がなされているとは言い難い。医学／生命医科学と医療あるいは科学と技術の関係を明確にし、負の側面も含んだ形で、私たちの言葉で言えば「科学技術論の生命医科学史モデル」というようなものを今後確立していく必要がある。

11. チーム医療を成立させる前提は何か

　ここからは現実の医療の問題と医療人の育成のもっている課題について話を進めたい。現代医療制度は崩壊状態を迎えている。その崩壊状態を改善するために、医師を増やせばいいという議論が盛んである。本当にそうだろうか？　現行医療の中には多くの医療人が働いているが、そのなかでも医師の独占権が圧倒的に強い。高橋氏のいう、「医師を中心とし、すべての医療従業員がそれに従属的に直結する形」で、現行医療は成り立っている。しかしながら、その状態を残したままで医師を少々増やしたところで医療制度の崩壊は解決されない。ただ、現在はまだまだ非常に大きな課題を抱えているにせよ、ほかの領域の医療人たちもだんだんと実力をつけてきていて、本当の意味で今医師が責任を持っている領域を担える人材が増えてきている。今のところは、医師は独占権を頑として手放そうとはしないが、高橋氏が次に目指そうとしたであろう、「医師をも一つの構成要員と

した専門技術者の集団として有機的な相互依存関係として再編されるべき」時期に来ているし、それなくして医療制度の崩壊への解決策はない。

12. 医療系学科のも持つ問題点

　中部大学に医療系学部・学科を導入する際にも問題点がいくつかあったと聞いている。多分既に議論されたことだと思うが。

　第一は医療系学部・学科には多額の経費がかかる。例えば、中部大学では1万人の学生に400人の教員で、教員1人当たり25人になっているが、医学部では1人の教員に対する学生数が1〜2人である。ほかの医療系学科も1人の教員に対する学生数はおおよそ1桁である。それから、実習設備、研究施設にも非常にお金がかかるし、医療系の実習器機は進歩が著しく、多額の更新費を用意しておかなければならない。

　第二は医療体系が非常に複雑になっていることに起因する問題である。医療機関も、開業医、診療所、病院、基幹病院、大学病院といろいろある。広い意味では企業の診療施設、そこで働く産業医や保健師も関わってくる。今後は介護施設も無視できなくなる。また医療体制も、昔は医師と看護師ということだったが、中央検査室や中央放射線部などができ、医療人も臨床検査技師、診療放射線技師、理学療法士、作業療法士や臨床工学技士と非常に複雑になってきて、それが体制としてヒエラルキーを持っている。象徴的なこととして、歴史的な経緯もあって、医師、薬剤師、看護師、臨床検査技師、診療放射線技師は「師」になっているが、理学療法士、作業療法士、臨床工学技士は「士」である。この「師」と「士」の間でも対立がある。また看護師のなかにもヒエラルキーがあり、かなり複雑な体系になっている。養成過程における違いによる差別も存在している。医療系教育体制も非常に複雑で、後ほど述べるように、学生の間でもヒエラルキー構造があり、この構造はかなり困った影響を教育にあたえている。

　第三は、病院のかかえる矛盾が直接教育に関係してくる問題である。医療系の教育においては、臨床（臨地）実習が不可欠であるが、そこで、必ずしもそのシステムが近代化されているとはいえない病院の問題点に直面

することになる。教育的には整備されているとは言い難いシステムの中で教育を受けるということは、医療の生の現場を直接体験するという機会でもあるが、ゆがみを引き起こす機会でもある。中部大学の場合は実習病院を有しない大学であるから、医療系教育には別の意味でも非常に困難が伴う。それなら中部大学に実習病院をつくったらどうかという意見があるかもしれないが、私は少なくとも近未来では絶対にやめた方がいいと考えている。病院経営と大学教育を両立させるにはかなりの困難性が伴う。

　第四は、医療系教育には、指定規則による縛りという、特殊性がある。看護師教育を例にあげると、128単位のうち120何単位までは指定規則で履修しなければならない科目が決められている。では、その一つ一つの決まった科目について個々の大学が独自な内容をやればいいではないかと考えても、それはまた困難で、その教科の内容にも厳しい規制がかかっていて、大学の独自性を発揮できる余地が少ない。

　最後は、最終的に医療職の資格を手に入れるためには、国家試験に合格しなければならない。国家試験はマルチチョイス試験で、ある意味ではクイズを解くようなものであるので、それに対応した教育をしなければならない。この教育は通常の大学教育とは別の次元の範疇である。

　医療系の教育は非常に特殊で、その上、国家資格・国家試験というのが非常に魅力的な魔術性を持っている。こういう点に十分配慮して、生命医科学の教育を創りだしていかなければならない。

13. 生命医科学教育・研究の目標とアウトカムズは何か

13−1．新しい学問分野である生命医科学の確立

　前に、「生命医科学とは、医学を支える基礎的科学、医師の医療行為を支える基礎的科学のみではなく、医学、薬学、獣医学、農学、理学、工学、薬学等のみならず医療系の諸学問の総合的共同による、さまざまな医療や医療行為を基礎づける、科学と把握している」と書いたが、個々の学問の単なる総和でない、総合的学問としての生命医科学の確立は、そう簡単ではない。まず、異なった分野で教育・研究活動を行なってきた研究者の人

間的交流から開始しなければならない。共同研究や共同教育を実践してゆく中で、生命医科学という学問分野を確立してゆく必要がある。

13－2．全ての医療の基礎科学としての生命医科学の確立

　医療行為というと医師の行なっているそれのみがクローズアップされることが多いが、医療は医師のみで成り立っているわけではない。多くの医療人の共同行為で医療は成り立っている。それ故に、医師の行なっている医療行為だけでなく、さまざまの医療人の行なっている医療行為を知り、理解しなければ医療の全体像を把握することができない。全医療の基礎科学としての生命医科学を確立するためには、自然科学はもちろんのこと、社会科学も人文科学も総動員しなければならない。生命医科学を確立することは、まさに学問の再構築、教育体系の再構築が必要とされている。

　医学は、自然科学的色彩の濃い学問であるが、前述したように人文学的側面もあり、社会学的側面もある総合的学問大系である。生命医科学も総合的学問であり、医学単独よりも人文学的側面や社会学的側面にウイングをより広げている。人間学や倫理学に関係する分野も、生命医科学の本質的領域を形成している。

13－3．さまざまな医療人の共通基盤としての生命医科学

　多様な分野にわたる学問が医療を支えている。それらの学問は歴史も違い、支えている医療も必ずしも同一分野ではないが、医療という共通目的を支える学問として共通基盤が必要である。それには、各学問の特徴的な分野ではなく、幹にあたる領域がそれにあたる。多彩な学問分野の共通領域こそ生命医科学である。医学部や薬学部においては伝統的に基礎的分野の教育や研究が重視されてきたが、他の分野においては、多くの場合、軽視されてきたことは否定できない。医療を支えるすべての学問の中心的な幹としての生命医科学を確立する必要がある。

13－4．チーム医療の共通基盤としての生命医科学の確立

　高橋先生が目指したであろう医療、「医師をも一つの構成要員とした専門

技術者の集団として有機的な相互依存関係」、即ち新しいチーム医療を確立するためには、医療に携わるすべての医療人が健康に対する科学的知識を共有するだけでなく、その科学的知識を成立させている基盤的学問も共有する必要がある。それにあたるものとしての生命医科学の確立が望まれている。逆の言葉でいえば、生命医科学を共通基盤とするさまざまな医療人の育成を通して、新しいチーム医療を構築してゆく必要がある。

13－5．医療人としての共通基盤としての医療倫理／人間教育

　人間学や倫理学に関係する分野も、生命医科学の本質的領域を形成していることを論じたが、医療行為の核のところに倫理性や人間性が担保されていなければ、新しい医療体制を確立することはできない。それを道徳として学ぶのではなく、生命医科学として、倫理／人間性を学ぶところに多いなる意味がある。

13－6．医学・医療に対する批判的学問としての生命医科学の確立

　今の医学や医療が要素論的／機械論的科学や技術に立脚していることは間違いがない。高度先進医学がこれらの科学・技術によって推進され、医学医療の水準を担っているし、今後も要素論的／機械論的科学や技術によって発展してゆくだろう。しかし、医学が要素論的／機械論的方法論によって進められることによる弊害、偏向や逸脱は必然的に起る。現実には高度先進医学がカバーしていない通常の医療が大部分であり、それらの必要な医学や医療がお座なりになっている面があることも否定できない。これから建設される生命医科学は医学・医療に対する批判的学問としての役割も含む形で創造してゆく必要がある。

13－7．でも、生命医科学教育の前途はそう容易ではない

　生命医科学を共通基盤とするさまざまな医療人の育成、それらの医療人を基盤としての新しいチーム医療の確立は簡単な事業ではない。第一の阻害要因は、永年にわたる医師を頂点とする医療構造のヒエラルキーの壁であろう。このヒエラルキーは強固のものがあり、これを崩してゆくには医

師の自覚的に努力と共に、他の医療人の努力も必要である。医療を権力から見ると、医療人の間にヒエラルキーがあることが望ましく、時には医療人から細かいヒエラルキーを作り出す努力すら行われている。第二の問題は、医療系学問の中では、医学以外の個別学問の歴史的蓄積の相対的乏しさが挙げられる。学問の分野においてもヒエラルキーが存在していて、自覚的か無自覚的かは別にして、多くの医療人のなかでそれが当然視されている現実がある。

　次なる問題は、医学部（医学科）への入学が超難関化している現実から生じている問題である。これはあまり問題視されることはないが、実際上は深刻な問題であるので、すこし詳しく論じてみたい。今から10数年前に書かれた医学部長病院長会議の報告書に、「私たちの領域は現在日本で最も優秀な学生を預かっているという責任がある」と書かれている。現在、医学部は入ることが非常に難しくなっている。医学部（医学科）への入学の超難関化が持つ第一の問題点は、受験システムの中にヒエラルキーが確立されたということである。このことは大学受験制度を変質させた一つの原因である。『大学の授業を楽しくする方法』という本の中で、「今の受験生は東大の理Ⅲとか文Ⅱに行かない人はすべて敗北者だと考えている」とあった。医学部に行きたいとか医者になりたいとかいうことではなく難しいところに行きたいということになると、例えば京都大学の医学部に入った人は、東大の理Ⅲに入れなかったことをずっと引きずるというのである。そこの合格者以外はすべて受験敗北者であるという心理を生み出すわけである。受験制度のヒエラルキー化が固定した。

　次の問題点は医学部の受験制度自身に対しても非常に悪影響を与えていることである。医師とか医学者になることに対する熱意や適性とは無関係に、「あなたは頭がよくて偏差値が高いから医学部へ行ったらどうですか」という形で、別に医師になりたいとか医学者になりたいとは考えていない人が受験して、合格している。もちろん面接をすると立派なことを言うが、実際には適性とは無関係な入試が行なわれている。それ故に、このような人たちよりもはるかに医師としての適性があり、本人の医師になるという意欲も強い人が、医師になる上での十分な学力があるにもかかわらず、現

在の受験制度ではなかなか合格できないというのが現実である。

　3番目としては、他の医療人に対して不正常な関係が成立しやすいということである。それでなくとも医師を頂点とするヒエラルキーが厳として存在している中で、それを打ち破って新しいチーム医療を形成する上で、医師としての適性はあまりないが自尊心だけは高慢な医師の存在は、非常に困ったものである。同じ様な理由であるが、医療系大学で学ぶ学生間の不協和を生み出している。今から10年近く前に、三重大学でセクハラにより学生が5人退学処分を受けた。被害者は看護学科の学生であったが、調査をすると、明らかに医学部医学科の学生は「偉い」、看護学科の学生は「駄目だ」という蔑視（差別意識）がそのベースにあった。それ故、最初のころ医学科の学生は何が悪かったのかが全然わからなかったようであった。この差別意識が現在医療現場で働いている人たちの間にそのまま平行移動されていて、非常に大きな問題を形成している。医学部入学の超難関化が影響を与えているもう一つの面は、医師以外の医療人が、医師の共同者としてチーム医療を担っていく為には、大変な知的努力が要請されていることも意味している。私たちはこの面からも逃げ出すことはできないが、かなり困難な課題である。

　最後に触れたいことは、医学部領域以外の領域での人材の枯渇が始まっているのではないかということである。これをある人に話したら、「そんなことはないよ。医学部に行きたい人は医学部に行ってもらっても、私たちのところに来てくれる人たちもなかなか優秀なんだよ」とのことだったけれども、日本全体の人材の適正化という面では非常に大きな損失だろうと推測される。さらに、先程触れた「受験システムにおけるヒエラルキーの確立」の為に、「医学部に行きたかったけれど、あきらめた」という心理を生み出しており、それがトラウマになって、能力を発揮できない人たちがいると聞いたことがある。その他にも、「医学部（医学科）への入学が超難関化」のもつ問題点もあるかもしれない。

　以上のようなことを考慮に入れると生命医科学教育の前途はそう容易ではない。しかし、困難性を知った上でしか、アウトカムズを達成することができないことも明確である。

第5章　生命医科学教育のアウトカムズ

参考文献

1) 高橋晄正：新しい医学への道、中央公論社、1964
2) 高橋晄正：計量診断学、東大出版会、1969
3) 高橋晄正：医学概論、東大出版会、1967
4) 高橋晄正：現代医学——医療革命への指針、筑摩書房、1970
5) 高橋晄正：計量診断学の現況と将来——計量診断学概論、医学書院、1969
6) 伊藤康彦：計量診断学の方法論的分析、岩波書店、1972
7) 川喜田愛郎：近代医学の史的基盤、岩波書店、
8) 八杉龍一：近代進化思想史、中央公論社、1972
9) 佐々木力：科学論入門、岩波書店、1996
10) 広重徹編：科学史のすすめ、筑摩書房、1970
11) 広重徹編：講座・戦後日本の思想（第四巻）、三一書房、1963
12) 西尾成子：広重徹科学論文集、みすず書房、1981
13) 吉村昭：冷い夏、暑い夏、新潮社、1984

第6章
工学分野における人材育成
―― 大学の役割

稲崎一郎

1. はじめに

　我々が今日享受している快適な生活環境と生活手段の多くは、工学技術によって生み出された各種装置や機器に負うところが大きい。ここで工学技術を、「科学の力を借りて人間の生活に有用な各種の人工物を作りだす技術」と広く解釈しておこう。人間が具備している運動器官や感覚器官の機能や性能を拡張する人工物は身の回りに氾濫しており、工学技術は人類の生活の質向上に大きな貢献をしてきたことは明らかである。しかし一方、人類が生活している地球上の資源が有限であること、開発された人工物を使用した生活が地球環境に悪影響を及ぼしていることなどが認識されるようになったことにより、工学技術の負の側面も強く語られるようになってきた。しかし負の側面の問題を解決して、持続可能な開発を可能とするのもやはり工学技術であることは誰もが認めるところであろう。
　そこで重要なことは、かかる工学技術の将来に亘る発展を支える工学技術者の育成であり、その役割を担うのは大学である。本稿では、工学技術

者の育成に関し、社会環境の変化、育成すべき人材像、大学教育の変革等について私見を述べてみたい。

2．我が国の工学技術教育の源流

　日本の組織立った工学技術者教育は、明治初めに工部省に設置された工部大学校（The Imperial College of Engineering）まで遡る。工部省は、我が国の近代産業の保護育成を目的として明治3年に設置され、その役割の中に技術教育政策が含まれていた。明治4年工学技術者の高等教育機関として「工学寮」が設置され、明治10年に行われた政府の組織改訂の際に「工部大学校」と改称された。工部大学校の教師の大部分は産業革命の先駆であった英国からの来日者で、教頭として就任したのは若干25歳のHenry Dyerである（図表1）。Dyerはスイス、ドイツ、フランス等の工学教育機関を参考にして理論と実践を融合させたカリキュラムを作った。これは当時世界でも類を見ない特色ある内容で、我が国の近代工業の礎を作った多くの優れた工学技術者の排出につながった。明治18年に東京帝国大学工芸学部と合併し、東京帝国大学工学部となった。

　工部大学校に設けられた学科は、土木科、機械科、電気工学科、造家科（建築科）、鉱山科、化学応用科学科、冶金科の7科で、今日の多くの大学に設置されている伝統的な学科構成とほぼ同様である。全ての講義は英語で行われ、試験や論文も英語で提出することが要求された。校舎や設備も

Henry Dyer

工部大学校校舎
現在の千代田区霞が関三丁目

図表1　Henry Dyerと工部大学校

立派なもので、来日した英国人教師もその充実した実験設備に感嘆したという。明治18年までの入学生数は合計493名、内卒業生数は211名で、家庭の事情もあったであろうが厳格な学業評価がなされていたことが伺われる。Dyerは日本人学生の優秀さを称賛したという。今日発展途上国から日本に留学してくる学生たちのように、目を輝かせて将来への夢を抱き勉学に勤しんだのであろう。

卒業生には高峰譲吉（渋沢栄一らと東京人造肥料会社を設立）、安永義章（ダイハツ設立者）、井口在屋（発明した渦巻きポンプの会社が後の荏原製作所）、日本の電気、電灯の父と言われる藤岡市助、日本人として最初期の建築家辰野金吾等、そうそうたる工学技術者が輩出された。工部大学校出身者によって日本の工業は自立することができたと言っても過言ではなく、ここで行われた工学技術者教育の方法は今日でも学ぶところが数多くあると思い、少し詳細に紹介した。意欲ある教師と学生、そして充実した教育設備という環境下で優れた人材が育成されるのである。

3．工学技術とそれを取り巻く状況の変化

3－1．工学技術の変容

（1）サステナビリティ（Sustainability）

工学技術が人類の生活の質向上に多大な貢献をしてきたことには疑う余地がない。しかし、快適な生活を持続させるには天然資源やエネルギーを消費しなければならない。過去から将来に亘ってのエネルギー消費の推移をみると、図表2に示したように上昇の一途をたどっている。一人当たりのGDPが高い先進国のエネルギー消費は高くエネルギー消費効率は低いことにも注目すべきである。天然資源が有限であるという制約の下で、人類の生活の質を維持して更に持続的に発展させるには、資源やエネルギーをより有効に利用するための最適化技術、並びに現在使用している資源やエネルギーの代替技術を開発することが必要となる。そこで頼らざるを得ないのはやはり工学技術である。持続可能な発展（Sustainable development）を達成するために、工学技術はその役割と目標を変化させて一層その重要

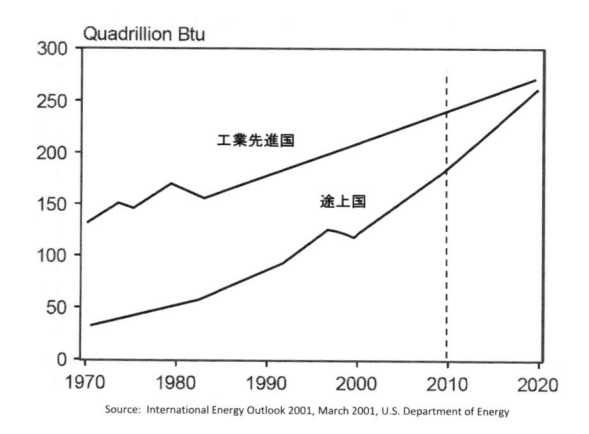

第6章　工学分野における人材育成

図表2　世界のエネルギー消費

性を増しているということができる。

　筆者が携わっている教育研究分野である生産技術を例にとると、高品質な製品を如何に高能率に生産するかという課題が最重要であった。そのために加工機械の高性能化と自動化が積極的に推進されてきたが、1990年代に入ってから生産活動が環境に与える負荷を如何に低減するかに大きな関

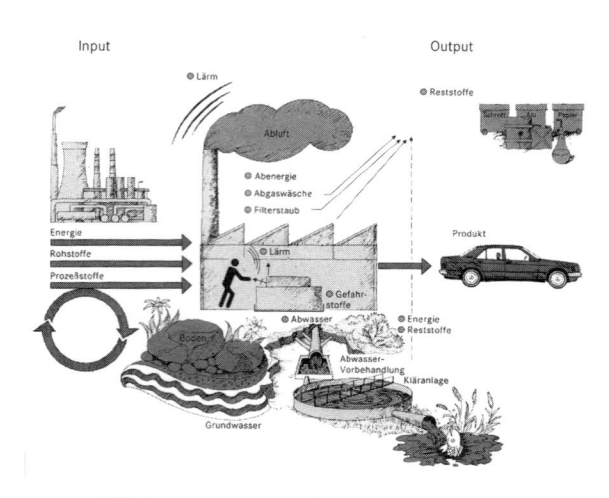

図表3　Daimlar Benz 社の環境問題の取り組み

心が寄せられるようになった。図表3は、自動車生産にかかわる材料のリサイクルのみならず、生産過程での廃棄物、排出物低減の取り組みである。自動車の高速化、安全性能向上、そして環境対応と、関連する工学技術が歴史的に変容してきていることが明らかである。

(2) ブラックボックス (Blackbox) 化

　生活に密着した新たな装置や機器が次々と生み出され、工学技術の貢献が実感としてはっきりと認識されていた時代には、その重要性も強く認識され、また関心を持つ者も多かった。しかし今日では、工学技術によって生み出された人工物が複雑化、巨大化し、どのような原理で動作しているのかを知ることが困難となってきている。工学技術の成熟化は人工物のブラックボックス化を促進しているということができよう。人工物を扱う上での安全性確保が大きな問題となってきている。かつての機械的人工物はその動作原理や機構を見ることができた。しかし、電子技術と融合した所謂メカトロニクス製品は、その実態を見ることができない部分が多い（図表4）。高度な電子技術と情報技術によってブラックボックス化された機械の操作を、安全に遂行するための工学技術も重要な課題である。

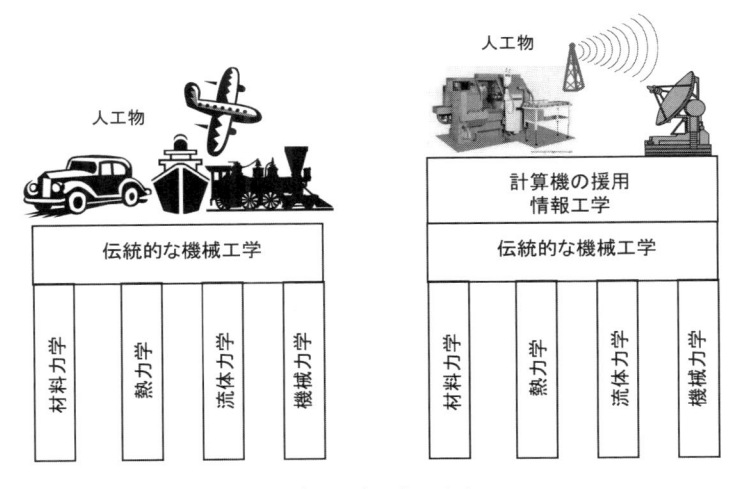

図表4　人工物の変容

第6章　工学分野における人材育成

　上述したように、工学技術の役割と内容には大きな変容が起きており、これに携わる工学技術者の育成目標と方策にも相応の変革が余儀なくされている。

3－2．社会状況の変化
（1）人口減少
　持続的開発のためには優れた工学技術者の育成が必須であるが、我が国においては人口の減少という難題が立ちはだかっている。2050年には日本の人口は1億人にまで減少すると予想されており、これに伴って1990年には210万人であった18歳人口はすでに130万人にまで減少している。また図表5に見られるように、工学技術者はその数においても、総人口に占める割合においても急激に減少していくと予想されている。工学技術者の数を確保することは、持続可能な開発のための最重要課題の一つである。

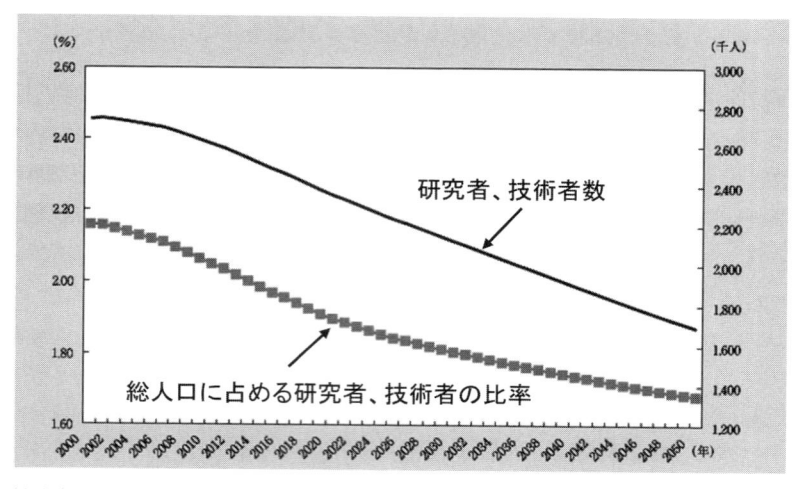

・総務省、国勢調査（平成7年）
・国立社会保障・人口問題研究所、日本の将来手推計人口（平成14年）

図表5　将来の研究者、技術者の推計

（2）工学技術への関心度

人口の絶対数減だけではなく、工学技術の成熟化、上述した人工物のブラックボックス化が若者の工学技術への関心を薄める結果となり、将来の工学技術者の減少に繋がることも危惧される。我が国の若者の科学技術離れに関して、1986年には大学進学者の中で工学部志望者が17％であったのが、2009年には7％にまで低下したというデータもある。戦後の復興期や高度経済成長期には、技術革新が目に見える生活の質向上として現れて工学技術への関心度が高かった。しかしその発展の上に生活している現代の若者は、これら技術に目を向ける機会が減って工学技術に対する関心を失っているのではないかとの指摘もある。これは工業先進国に共通した現象と見ることができるかも知れない。

（3）グローバル化

日本社会のグローバル化という側面も、大学で育成すべき工学技術者像を描く上で社会状況の変化として忘れてはならない。国際舞台で活躍する工学技術者は、外国語少なくとも英語でのコミュニケーションが可能でなくてはならないし、地域に密着した活動をするための高い見識と教養を備えていなくてはならない。

（4）初等、中等教育

我が国における若者の科学技術離れに関しては、初等、中等教育にも大きな問題があることが指摘されている。高等教育以前の科目の好き嫌いが、その後のキャリア選択に大きな影響を与えている。国際教育到達度評価委員会の調査によれば、我が国の小学校、中学校の生徒の理科や数学の理解到達度は参加国中1位から6位と高位にある。しかしながら、これら科目を面白いと思うか否かという質問に対して、面白いと答える生徒の割合は非常に低い結果になっている。これに同調して、将来理工系の職に就きたいと思う生徒の割合も低い結果となっている。

理工系科目に対する関心の低さは、義務教育期における知識記憶型の学力は国際的にも比較的高い位置を維持しているものの、その後の知識活用

型の学力の低下となって表れていることが、OESDが国際的規模で実施している生徒の学習到達度調査によっても示されている。「将来自分が就きたい仕事に役立つから理系科目を勉強したい」という明確な意志を持って学ぶ生徒が少なく、本来の「何のために学ぶ」のではなく「試験のために学ぶ」生徒が多いということである。このような状況は、我々が義務教育を受けた時代とは大分異なっているように思われる。

　初等、中等教育に関する上述した問題は、我が国の教育体制面に起因している部分もある。それは、理系学部の出身者が教職につきにくいという制度上の問題である。その結果小学校の教員にも理科離れが進んでいて、理系教育の指導力が著しく不足していると言われている。このような教育体制面の改善に合わせて、小学生、中学生の時期に理系科目への関心を高めるために関連する科学博物館の充実も意義があることを指摘しておこう。

（5）工学技術者の処遇

　工学技術者の日本社会における処遇に関しては、むしろ社会状況に変化が起きてしかるべきだと思っている。ものづくりによって我が国の財政基盤を支えている工学技術者の給与は、2003年以降少しずつその水準を上げてはいるが、金融、保険業との格差は依然として大きい。優秀な工学技術者を多数育成するために、その地位を正当に評価するべく社会での認識を変える必要がある。

4．育成すべき工学技術者像

　後々の議論のために、工学技術者の定義を改めてまとめておこう。日本工学会による「日本の工学技術者教育の地位向上」についての調査研究（平成21年)[1]によれば、工学技術者とは：
「工学の素養を有する技術者、あるいは工学に関する研究者・教育者の総称であり、高等教育機関において科学を含む工学に関する知識習得・実務訓練を積み、自ら解決すべき問題を発見し、且つこれを科学・工学・技術を用いて解決し、あるいは教育機関において、技術者／工学者の教育訓練

に携わる者であり、工学技術を用いる際に自らの工学的行為が人間生活において持つ社会的意義を認識している者」

と定義されている。すなわち工学技術者は、単に工学や技術に関する知識を持つだけではなく、問題解決能力を持ち、自分の社会的役割をしっかりと認識しているべきであり、工学技術発展の負の側面を考えたとき、工学倫理、世代間を越えた環境倫理の素養を持ち、社会貢献の意識と使命感を持つことが重要であるとしている。

以下で、国際舞台で活躍できる工学技術者が具備すべき条件として筆者が重要と思う事項を述べてみたい。

4－1．問題発掘・設定・解決能力

人工物の高度化、複雑化、巨大化、微細化への変容、性能の向上だけではなく環境への負荷をも考慮した開発、設計の必要性、加えてグローバルな規模での企業間競争という状況の下で、工学技術者に期待される能力は昔とは大きく変わってきている。工業製品の開発、設計、製造、使用等に関する広い活動の中で、与えられた課題を解決する能力だけではなく、自らがそれらの仕事の中で何が問題となるかを発掘して課題設定を行い、それを解決する能力を具備することが要求される。課題解決に際しては、その解が必ずしも一つに定まらないことを認識し、自らが持つ工学技術的知識を動員して実行可能な解を見出す能力が必要である。新製品の開発と製造に際しては特にそうである。

長年大学での教育、研究に携わってきて、最近の学生に関して気になることがある。コンピュータに関心を持っている学生は大勢いて、彼等はプログラミングや操作に関しては素晴らしい才能を発揮する。ある物理現象素を支配する微分方程式を与えて、その解を求めることをレポートの課題にすると、コンピュータの力を借りて見事に解答してくる。しかし、ある物理現象のモデル化、更にそのモデルを支配する運動方程式等の誘導を要求すると解答できない学生が非常に多いのである。大学での教育に問題があるのだが、合理的な仮定を設定してモデル化を可能とする能力、すなわち課題設定能力を高めるための教育上の工夫が、あてになる逞しい工学技

術者を育成する上で重要であると思う。

4-2. 学際性
　メカトロニクス、オプトメカトロニクス等の名称で代表されるように、最近の工業製品には工学の広い分野の技術が融合されて出来上がっている物が多い。機械製品を開発、製造するにも複数分野の工学技術に関する知識と経験が必要となっている。このように広範囲の知識を大学の4年間で学ぶことは難しく、大学院での教育に引き継がざるを得ない。
　我が国の大学院への進学率を国際比較してみると決して高いものではない。人口1000人当たりの修士・博士在籍者数は2004年に米国で4.5人、イギリスで3.9人、フランスで8.6人、韓国で5.8人なのに対して日本は1.9人で、2007年でも2.1人である。国際競争力を高める上でも高い学際性を備えた工学技術者の育成が必要である。
　しばしばスペシャリストを育成すべきか、ジェネラリストを育成すべきか、ということが議論される。工学技術の広がりを考えると、スペシャリストとしての1本の柱を持つことに加えて、ジェネラリストしての幅をできるだけ広げた人材が要望されると思う。工学技術者としての活動の幅を広げるには、まずはスペシャリストとしての確固たる自分の窓を持った上で、その窓を通して学際分野の理解力を高めることが肝要である。換言すれば、スペシャリストとしての普遍的な基礎知識を持ち、その応用、展開ができる能力を持つ工学技術者が求められているのである。
　フランスの理工系分野のエリートコースであるグランゼコールにおいては、ジェネラリストの育成ということが明確な理念として謳われている。

4-3. 国際性
　産業構造のグローバル化に伴い、工学技術者が活躍する場は国際的なものとなっている。語学力だけではなく、それぞれの国の文化、歴史、地理など等にも関心を持ち、自分が活躍する場の人たちと十分なコミュニケーションをとることができなければならない。もちろんそのために、自国の文化、歴史等に関する知識もあることが必須で、広い教養と見識を備えて

いることが必要である。

　日本も例外ではないが、工業先進国の多くがその生産工場を途上国に展開し、また展開しつつある。その最大の理由は労働賃金が低いことで、そこで生産された製品の多くは工業先進国に送られて生産地では消費されない。しかし海外での展開を真に成功させるには、その地域に溶け込んで同地でのニーズを吸い上げ、そこで好意的に消費される製品を生産、販売することではないだろうか？　このような見識も国際的な工学技術者は持つべきである。近年多くの電子製品で世界の市場を席巻している韓国のサムスン電子は、このような理念、すなわち地域密着型の生産という考えで海外進出の展開に成功している。

　国際舞台で活躍する上で必須の条件は、世界共通語としての英語で自分の意見を述べてコミュニケーションを取れることである。これは企業人だけでなく、大学の研究者に対しても同様である。1980年代に筆者が参加した生産技術に関する国際会議においては、我が国の工業力が高く評価されていた時代というせいもあるが、日本からの発表に対する関心が高く、休憩時間には日本人発表者を囲んでの立ち話があちこちで見られた。日本人のたとたとしい英語にも関わらず議論の輪ができていた。そして当時はまだ他のアジア諸国からの発表者を取り囲む輪はほとんど見られなかった。ところが最近ではその様子が大分変っている。欧米に留学して帰国した中国や韓国の研究者は当然のことながら多くの日本人より英語が堪能で、彼らを囲んでの深い議論が展開されている。幸か不幸か、日本人の多くは国内で質の高い工学教育を受けることができ、欧米にわざわざ留学する必要性は高くなかった。ところが他のアジア諸国は事情が異なり、その違いが今日現れているように思われる。英語力の差のために寂しい光景が展開されている場面が多いのである。

　工業製品にとって国際標準は重要であるが、標準化を議論する場での日本人の発言力は大きいのであろうか？　そもそも日本人は、標準化や規格はお上での長期間に亘る検討の後でお上から降ってくるもので、自分達はそれに従わざるを得ないものだと考えているところが多いのではないだろうか。今日の工業製品の標準化は、研究開発に直結したものも多く、標準

化活動への参画の遅れが企業にとって大きな打撃となる例も多いように思われる。かかる委員会での発言力もやはり英語力によって大きく左右される。工学技術者の国際性が必要となる重要な場面の一つである。

5．工学技術者育成における大学の役割

　大学の役割は、知識の伝承としての教育、そして知識の創造としての研究活動が両輪である。今日では、これらの活動を通しての人材育成による社会貢献が特に重要視されている。卒業生の社会での評価が大学の評価に繋がっている。中部工業大学、更に名古屋第一工学校へとその歴史を遡ることができるように、中部大学の核となる役割は工学技術者の育成を通しての社会貢献である。大学における人材育成に関しては、専門的知識に加えて自立的な思考能力と判断能力の涵養が重要である。

5－1．教育プログラムの変容
　課題解決能力を持つ工学技術者の育成を目指して近年変容しつつある教育プログラムは、シンセシスの重視、PjBL や PBL の導入、産学連携、インターンシップ等によって特徴づけられる。

（1）アナリシスからシンセシスへの重心移行
　機械工学分野を例にとると、材料力学、熱力学、流体力学、機械力学の4つの主要な力学を中心として構成されたアナリシス（分析）に重点が置かれた縦糸としての学術コアと、設計工学、生産工学を扱うシンセシス（統合）に重点が置かれた横軸としての学術コアとによって構成されるマトリックス構造によって伝統的な教育プログラムが構築されている。かつてはアナリシスに重心を置いた教育プログラムが主体であったが、今日では大学の役割としての社会貢献が重視されることにより、人間が必要とするものを作り出すためのシンセシスの学術コアの重要性が増しつつある。

（2） PjBL（Project-based learning）, PBL（Problem-based learning）の導入

　工学技術者としての問題解決能力の涵養、シンセシス能力の涵養を目的として、PjBLやPBLを導入している大学が増えている。その実施にはかなりの労力を要するが、学生達が実学としての工学技術の入り口を体験する上で有効な教育プログラムである。

　中部大学工学部では、日本がフロントランナーとしての工学技術者を育成する上で、これまでのキャッチアップ時代の工学技術者教育に不足していたものとして次の7点を洗い出し、その解決を目指してPjBLの導入を行っている[2]。

　①学生と教員の教育に対する姿勢（教員は学生が学びたくなる状況を作り出すコーチ的存在。）
　②個人の人間形成に必要な教養
　③自主性、自律性、自発性
　④創造性、独創性
　⑤総合的視野
　⑥工学倫理、技術者倫理的洞察力
　⑦コミュニケーション能力

　これらの項目は、すでに述べたこれからの工学技術者に必要とされる素養であり、PjBLやPBLの効果が期待さる取り組みである。

（3） 産学連携、インターンシップの積極的導入

　PjBLやPBLを実地で体験する方法として、産学連携に支えられて実施されるインターンシップは有効である。インターンシップは従来から多くの大学で夏季休暇期間を利用して行われている例が多いが、せいぜい1～3週間程度のものがほとんどであったと思う。実践体験としては決して十分な期間ではない。日本の大学の従来型カリキュラムでは長期間にわたるインターンシップの実施は困難で、特別な仕組みが必要である。今日ではさらに長期間のインターンシップを可能とする工夫がとられている例もある。もちろん企業の全面的な支援が必要であり、景気の良し悪しによって学生の受け入れが左右されることもインターンシップの実施を難しいもの

第6章 工学分野における人材育成

にしている。

　ドイツの大学でもインターンシップを重視しており、幾つかの期間に分割して合算する方式をとっている。インターンシップを実施する時期の配慮もその効果を高める上で重要である。フランスのグランゼコールでは、現場での問題意識を持った上で学習することが動機付けの上で効果があるとして、入学後の早い時期に行っている。

　以下に紹介するのは、筆者の前任校である慶應義塾大学理工学部システムデザイン工学科3年生がF社において画像処理システムに関するソフトウエア開発に関して行った3週間にわたるインターンシップの感想文である。

「まず、私は与えられた実習課題の高度な内容に驚いた。実習期間が3週間と短いこともあり、自分で何かを開発するというよりは、研究方法などの紹介や簡単な指導で終わってしまうのではないかと考えていたからである。しかし、実際にいただいた課題は研究部で今まで試みたこともないものもあり、当初は毎日が不安であった。また、プログラミングはC言語を用いたのだが、私はC言語の基礎程度しか分からなかったため、悪戦苦闘の毎日であった。しかし、実習担当者の方と相談しながら自分の頭で考え、一からプログラムを作り、改良を加えていくという作業はやりがいのあるものだった。そのため、所望したとおりの結果が得られたときの喜びは大きく、何かを研究・開発する仕事をしたいという自分の夢をますます強くした。また、自分に足りないものを明確にすることができたことも大きな進歩であると考え、これを補いながら今後の将来のために頑張っていきたいと思う」

　受け入れ企業の体制と準備がしっかりしていたためにインターンシップの所期の目的が十分発揮された例である。

　産学連携研究による卒業研究や修士、博士課程での研究は、学生や院生のモチベーションを高め、コミュニケーション能力を高める上で極めて有効であることは言うまでもない。

6. 育成プログラムの例

　高度な専門性と理工学の広範な知識を同時に養うためには、大学院進学を視野に入れた一貫性をもち、工学技術分野の学際的知見を修得できる教育体系を構築することが必要である。また一方で、国際的、先導的人材の育成には、コミュニケーションスキルと豊かな教養を専門分野の高度なスキルと両立させる教育体系を実現しなければならない。以下に紹介するのは、慶應義塾大学理工学部で実施されている教育プログラムの概要で、自立した工学技術者の育成を目的にして構築されたものである。平成16年度の「特色ある大学教育支援プログラム」に採択されている。

6−1. 学部教育

　学部教育プログラムの特徴は、創発的ネットワーク環境（多様な人材を共存させることで、互いに影響を及ぼし合い、個々の資質や個性だけからは予測不可能な飛躍的成果を発現させる人的環境）を創りだし、（1）学際性、（2）国際性、（3）豊かな教養、を有する工学技術者を育成する仕組みにある。学門制入学、理工学基礎教育、分野横断型大学院への進学システムが目標（1）を、また、独自な適合型英語教育ならびに適合型総合教育のシステムが目標（2）と（3）を実現させる形になっている。これらの要素は、学生の多様な資質と個性を尊重し、学生が自らの判断で自らの道を決定できるよう自立性を養うべく工夫されている。

（1）学門制

　学部教育課程の最大の特徴は学門制入学を導入している点である。すなわち、受験生は図表6に示した5つの学門、（1）物理系、（2）数学系、（3）化学系、（4）メカニクス系、（5）情報系、に対応する入口から入学し、1年次には学科に所属せず、2年進級時に学科分けシステムを介して各学科に配属される。従来の学科群としてのフォーク型系別入学とは異なり、学門と学科が多対多のマトリックス構造を有し、各学門から各学科への進級割合のみが決まっている（図表7）。これにより、学門という大括りの関心

第6章　工学分野における人材育成

図表6　自立と創発力涵養のための学門性

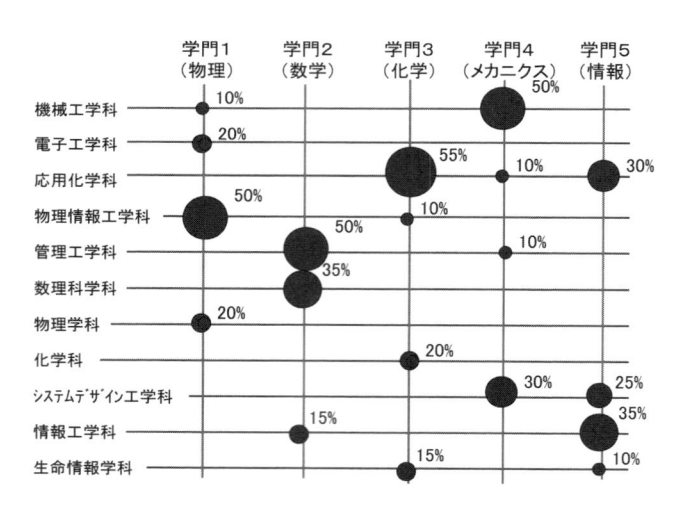

図表7　学門制と学科分けシステム

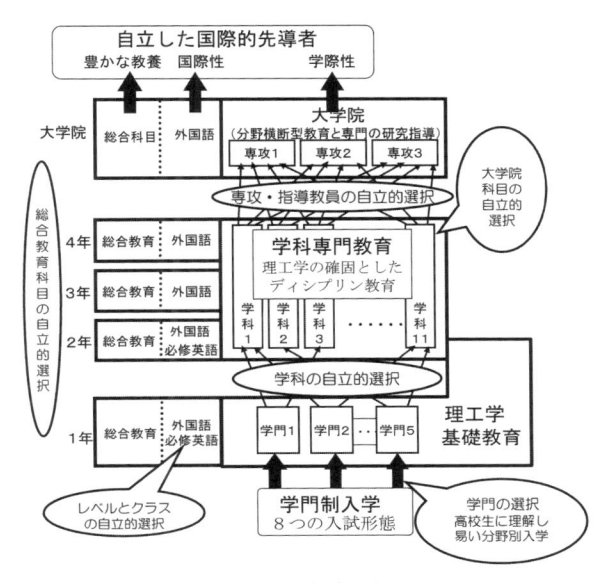

図表8　教育課程

領域にまず入学し、1年間の学部共通基礎教育課程を経て、自分に適した専門性を自立的に絞り込んでいくことを可能にしている。また、一つの学門内に複数の学科を分野横断的に配置することで、学際的かつ創発的な学習環境を形成している。図表8には、学部、大学院を通しての教育課程を示した。

(2) 理工学基礎教育

確かな基礎知識と幅広い周辺知識を身に付けさせる目的から、理工学基礎教育という体系を導入している。自然科学の基盤をなす1年次の共通基礎教育科目（数学4科目、物理学4科目、化学2科目、生物学序論、自然科学実験、情報処理同実習、理工学概論）を全て必修科目とすることで、1年生の基礎学力充実を図っている。また、半期6テーマのオムニバス形式で開講している理工学概論では、学生自身が理工学全体を見わたして、高校生までとは異なる価値観によって自らの志望学科を改めて考える動機付

けとなるようにテーマを厳選している。

　理工学基礎教育のみを担当する専任教員をいっさい置かず、各専門学科の教員が学科横断的に一体となって理工学基礎教育に当たり、3、4年次の学科専門科目との有機的な連続性が常に保たれるように配慮していることも特徴である。

（3）適合型英語教育システム

　1、2年次の必修英語では、少人数教育（1クラス約25名）のもと、クラス選択制とレベル別編成を実施している。クラス選択制とは、指定された曜日・時限の各ブロック内で同時開講される10クラスの中から、学生が受講したいクラスを自立的に選択できる制度である。各ブロックはレベル別編成で、そのクラス数はレベル1（基礎）が1、レベル2（標準）が8、レベル3（上級）が1である。中でも8クラスからなるレベル2においては、クラスごとに特徴あるテーマ（映画で学ぶ英米文化と言語、科学技術英語の基礎など）を設定し、学生が自ら選択できるようにしている。学生の興味に関係なく大学が一方的にクラスを指定するのでは、英語力の伸張にも限界があると考え、学生の個性を尊重すると同時に自立性を養うようにしたものである。

　また1年生を対象に4月と翌年1月に英語統一テスト（G-TELP：The General Tests of English Proficiency）を実施し、その得点に基づいて3段階の推奨レベルを参考として示し、学生が各自の英語力に適したレベルを的確に選択できるようにしている。

（4）適合型総合教育システム

　新しい学際分野を開拓し、国際舞台で活動するためには、理工系の学生であっても、専門分野を極めるだけでなく、豊かな教養を身につけることが重要である。そこで、人間、社会、自然に対する深い洞察力や知力の養成を目的として、約160の総合教育科目を設置し、学生が4年間（一部大学院を含む）の課程で、知識の深まりと成長に応じて自立的に選択（必須18～上限26単位）できるようにしている。これら科目は、学生が真に履

修したい科目を選択できるように、総合教育専用の時間帯を設け、時間割上専門科目との重複がないようにした点に特色がある。

6-2. 大学院教育

　従来のような分野縦割り型の教育体制は、細分化した既存分野を担う専門家の「再生産」には向いているものの、科学・技術のボーダーレス化が進む時代において世界的レベルで独創的な成果を創出できる工学技術者の育成には適さない。一貫した教育目標は、狭い意味での研究者（大学教員等）の養成ではなく、産業界、官界を含む社会構造の様々な領域において「自立した個人」として主体的に行動できる工学技術者の育成にある。活動の場は大学であれ企業であれ、社会のニーズや世界の学術動向を的確に捉え、自らの研究・開発の成果を世界に発信し、もって社会を先導し続ける「逞しい工学技術者」の輩出が大学の役割である。

　6-1.で述べた教育の効果は、学部卒業にとどまるだけでなく、大学院に進学することでより高度に達成すると考え、学科から専攻への接続を非直結（図表8、図表9）にすることで、一貫して学生の自立的学習を促す教育システムとした。これにより、一専攻内に多数の分野を共存させる

大専攻制　⇒　学科-専攻間が非直結、一専攻内に多数の分野を共存
　　　　　　　一貫した創発のためのネットワーク環境（学生・教員）の構築

専修制　　⇒　各専攻に学科横断型の研究グループ
　　　　　　　専修（科学技術の革新的展開に対応、改廃可能な組織）

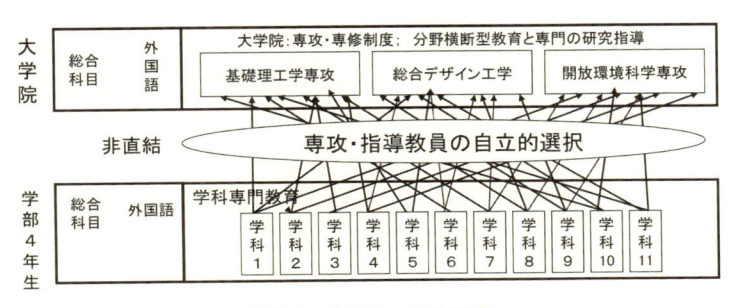

図表9　大専攻・専修制度

ことができ、大学院進学後も再び学際的な科目の履修を可能にしている。指導教員選定についても、大学院進学時のみでなく、修士2年進級時においても自立的に選定し直す道を用意しており、修士論文のテーマをも徐々に絞り込める体制になっている。さらに、2003年9月から大学院に開設した先端科学技術国際コースでは、全ての講義が英語で行われ、同科目を履修する日本人学生が、留学生と共に学ぶことによって、キャンパスにいながら国際的感覚をも養うことができるようにしている。

（1）専攻・専修制度

理工学研究科を特徴付けているのは、学際的3専攻（基礎理工学専攻、総合デザイン工学専攻、開放環境科学専攻）からなる大専攻体制と、各専攻内に設けられた学科横断型の研究グループ、すなわち「専修」（社会的な要請に柔軟に対応できる改廃可能な組織）の配置である。学科 − 専攻間の関係を非直結（図表9）とし、専攻を分野横断的にすることで、学部から大学院までの一貫した創発的ネットワーク環境を構築している。学部4年生が大学院へ進学する際には、所属学科や所属研究室にとらわれることなく、自立的に研究分野、指導教員を決めることができるようにしている。学生は設置科目を専攻内でも専攻間でも分野横断的に履修できる。また、博士前期課程1年次から2年次、博士前期課程から博士後期課程へのそれぞれの進学時に、異なる指導教員のもとで指導を受けることを可能としている。色々な節目で、学生の自立的判断を促す機会を与えている。

研究科委員会構成員の資格審査制度も特徴的である。すなわち、研究科委員会の構成員は「博士学位審査の主査を持続的に行うことを通じて人材育成の社会的責任を果たしている専任教員であること」を学内規程に明記し、資格審査委員会によって次年度の研究科委員会構成員が選定されるのである。これにより、大学院における教育、研究活動の活性化を図っている。

（2）グローバル環境の提供

我が国の技術者、研究者が、多くの国際舞台でその実力を発揮する上で

障害となっているのは相変わらず外国人とのコミュニケーション力である。中国を始めとするアジア諸国人の英語力の向上が著しいので、一層目立つものとなっている。母国語を使う事にあれほど固執していたフランス人でさえ最近は積極的に英語を話している。

　国際的に通用するコミュニケーション能力の涵養を目的として、2003年度から講義を英語のみで開講する「理工学研究科先端科学技術国際コース」を開設し、海外からの留学生の受け入れにてこ入れをした。筆者が学部長、理工学研究科委員長のときに開設したのであるが、その最大の目的は、留学生をキャンパスに多数招き、日本人学生がいながらにして国際的環境の中で学び、留学生との交流を通して視野を広げてもらいたいという願いである。英語による専門科目の講義は60科目以上にのぼっている。留学生の増加に伴い、筆者の研究室でのゼミも英語で行われた。日本人学生の英語力の向上は目を見張るばかりであった。

　海外からの学生の受け入れと同様に、日本人学生の海外への送り出しも重要である。海外大学と交流協定を締結して学生の相互乗り入れをするのであるが、有名無実となっている例が多い。その中にあって、慶應義塾大学理工学部がフランスのエコール・セントラルグループと開始したダブルディグリー制度は素晴らしい実効を上げている。図表10に学生の動きを示

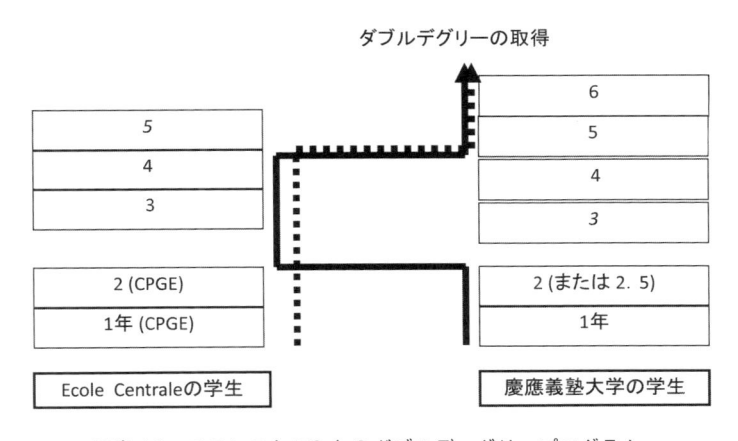

図表10　フランスとECとのダブルディグリープログラム

したが、日本人学生は学部1,2年次を慶應で学び、3,4年次をフランスで学ぶ。その後慶應の修士課程で学び、修士号を取得すると同時にフランスからも学位を取得する制度である。一方、フランス人学生は自国で4年間学び、慶應の修士課程に入学する。終了後に両方から学位を授与される事は同じである。日本人学生にとっては、卒業論文を書かないので日本での学士号を取れないという不利な点もあるが、毎年10人弱の学生がフランスに渡っている。先方からもほぼ同人数が来校している。こちらは国際コースを開設しているのでフランス人学生は英語の講義を聞くことが出来るが、日本人学生はフランス語での講義を受けているのである。挑戦心のある学生が多数いることを大変うれしく思った。

　上記以外にも種々の国際交流プログラムが走っている。海外企業で行うインターンシップも始まっており、3～5ヶ月に亘る本格的なものもある。これらインターンシップに対しては、その期間に応じて「国外研究A」（2単位）、「国外研究B」（6単位）の単位が与えられる。

7．大学院博士課程の課題

　工学技術の分野で日本が世界を先導するには、博士課程修了者の輩出が必須である。ところが周知のように、博士課程修了者の就職が現在深刻な問題となっている。第一期科学技術基本計画において、ポストドクター1万人支援計画が打ち出されて量的拡大は図られたが、修了者の就職に関しては十分な考慮がなされていなかったためである。

　我が国における理学、工学、農学系の大学院後期博士課程への入学者数は、1988年以降急激に増加している。博士号取得者数、人口1,000人当たりの大学院生数は、日本が欧米先進国に比べて決して多いわけではない。博士号取得者の就職先を比較すると、米国と我が国の間で大きな違いがあることがわかる。米国の場合、営利企業への就職が日本のほぼ2倍もある。日本の場合は大学への就職が圧倒的に多い。将来大学教授になることだけを目的とした博士課程学生の育成では、国際競争に勝つことは困難である。

　国内外の博士号取得者の能力、待遇等を比較した例がある。約70社から

の回答結果をまとめると、我が国の博士課程修了者に対する評価は、
1．「専門的知識」、「研究遂行能力」、「論理的思考能力」では優れているものの、
2．「業務推進能力」、「コミュニケーション力」、「協調性、柔軟性」の点で劣っている。

と要約される。そして、「研究開発業務でリーダーシップを発揮できる」、「専門能力に裏打ちされた課題設定力と解決力」、「コミュニケーション力」、「チャレンジ精神」等を博士課程修了者に「期待」している。企業としては当然の期待である。これらの期待に応えるべく、博士課程修了者が「自信」を持って大学から社会に輩出されているかが問題なのである。残念ながら、「期待」と「自信」がうまくかみ合っていないのが我が国の実情と言わざるを得ない。例えばドイツおいては、博士号取得者は入社後すぐにプロジェクトリーダ的な役割が与えられ、部下を率いて活躍している。「期待」と「自信」がうまくかみ合っているのである。

上述のような状況のために、我が国における技術系博士課程修了者の採用状況は悪く、殆どの企業は博士課程修了者に対する特別な採用枠を設定していない。すなわち、博士課程修了者に対して、修士課程修了者以上の高い付加価値を認めていない企業が多いということである。現状での博士課程進学は、ハイリスク・ローリターンと言わざるをえない面がある。

我が国の理工系博士人材をめぐる状況は図表11左のような悪循環に陥っ

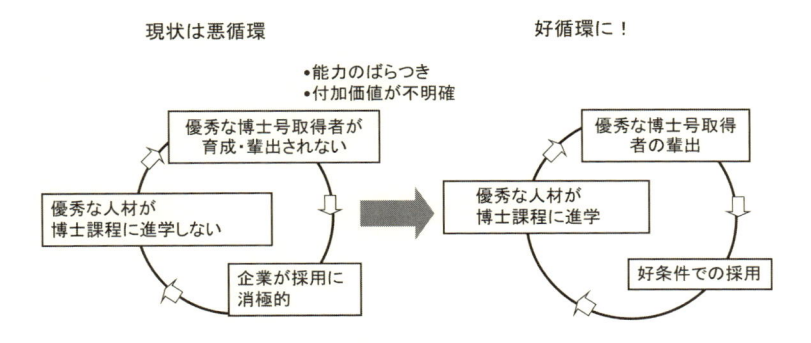

図表11　現在の悪循環を好循環へ

ていると結論される。これを自立心と挑戦心に富んだ優秀な人材が博士課程への進学を希望し、国際舞台で活躍できる逞しさを備えるべく育成され、自信を持って大学を巣立ち、彼らを社会が期待を持って受け入れる好循環にしなければならない。

8．あとがき

　大学、あるいは大学院で学び培った専門の知識とスキルを、すなわち上述した実学を卒業後当該分野で思う存分生かし、社会で活躍してもらいたいと願うのは我々教職員共通の思いであろう。然るに現実はどうであろうか？　一時期ほどではないにしても、工学部のある専門分野で学んだにもかかわらず、それとは全く異なった分野に就職する学生諸君の数は依然として多い。このような状況は、たとえばドイツでは大いに違う。彼らのほとんどは大学で培った力を十分に発揮できる企業、分野に巣立っていく。異分野に就職することなどを考える学生は殆どいない。彼らは、大学で培った自分の専門分野での力に「自信」と「誇り」を持っているからである。受け入れ側の企業の姿勢も日本とは大いに違う。受け入れ側は、彼らの専門分野での実力を信頼し、入社後の当該分野での活躍に大きな「期待」を抱いている。この「自信」と「期待」の関係が今日の日本社会ではうまくかみ合わず、せっかくの人材が有効に生かされていないように思えてならない。

　鶏と卵の関係のようにも見える。学生諸君が「自信」を持っていないから企業も「期待」をしないのか、企業から「期待」をされないから学生諸君も「自信」と「誇り」を持つ気にならないのか。この需要と供給の関係をうまくかみ合わせる上で大学が果たすべき役割と責任は大きい。我々は日頃、学生諸君に「自信」を持たせることを意識して実学の教育、研究指導を行っているであろうか？　大学に身を置いている者の一人として重く受け止めている次第である。

「自立心に富んだあてになる工学技術者」は、各学生に細かな指導をすれば育成できるというものではない。過度の指導はむしろ自立性の乏しい「ひ

弱な工学技術者」の大量生産に繋がりかねない。40 年以上に亘る大学での教育、研究の経験を通して得た結論の一つは、自ら学ぼうとする意欲ある学生に対しては、その要求を満たすべく出来る限りの機会と環境を提供するために最大限の努力をするのが大学の使命だということである。海外の大学教授は、交流協定を結ぶべく世界中の大学を飛び回っている。自校の学生が海外で学ぶ機会を出来るだけ多くもてるよう環境づくりをしているのである。我々が予想できないほどの才能と能力を持っている学生は多数いるのである。その才能に火をつけ、後押しするのが大学教員の役割である。

"Student is a lamp to be lit, and not a bottle to be filled."

参考文献
1）日本工学会：日本の工学技術者教育の地位向上についての調査研究（平成 21 年）
2）山内睦文：工学における教育改革の視点、中部大学教育研究、No. 5（2005）、25-30

第7章
これからの大学教育を考える
——40年の教員生活からの感想

野口 忠

1．はじめに

　現代社会は、一言で言えば、高度に発展し、組織化され、人口も稠密な社会といえるのではないだろうか。もちろん、過疎地というものはあるが、20世紀に世界の人口が4倍になったことを考えれば、「人口が稠密」といってもよいであろう。その社会を支える基盤は科学技術であろう。この点に関しては、クロード・アレグレ氏[1]や村上陽一郎氏[2]の説が傾聴に値するように考えている。このような社会で誠実に生きていくためにはどのような資質が要求され、その資質を獲得するためにはどのような教育体系が望ましいのであろうか。

　筆者も大学教員の仕事に就いてから40数年の日月が過ぎた。その間、栄養学を専攻し、縁あって現職の中部大学に赴任してからは、広くバイオサイエンスの学部の運営のお手伝いをしたことから、バイオサイエンス全般の教育を考える機会をもち、また、教養教育についても若干の感想を持つに至った。これらの活動を締めくくるという意味で、ここに感想をまとめ

てみた。

　本小論では、このような問題意識に立って高等教育を論じてみたい。多くの論議を踏まえた論文ではなく、40年以上にわたって「栄養学」の教育に当たった者の感想ともいうべき随筆とお考えいただければ、執筆する側も気が楽である。現実の改革では、多くの障害があって、とても無理な提案もあろうが、そのどれかでも実現すれば、筆者にとっては望外の喜びである。

2．自分の生き方を設計する──18歳の選択

　現在、18歳の50％を超える数が大学教育を中心とする高等教育を受けている。この状況は、大学教育がユニバーサルの時代になっていると言われる。もはや、大学を中心とする高等教育は、一部のエリート層の教育ではなくなっている時代である。

　このような現状のもと、まず、現代の大学教育で第1に配慮すべきは、18歳の選択に対して十分配慮すべきであるということであろう。18歳の選択が、本人が修正する必要のないほど十分な決意である場合が少なくないのではあろうが、18歳の選択は、当面の選択であって、高等教育を受ける過程で修正していく可能性のある選択である場合も少なくないことが多くの統計で明らかである。たとえば、入学者を次の3つのグループにわけて考えてみる。

　第1のグループは、大学入学時の希望に従って学習を進めていくグループで、たとえば医師になりたいという明確な目標を持っているグループ。このグループの学生は早くから専門教育を受けたいであろう。この時代、医師も生命倫理など、医療技術以外の分野の教育が必要であろうが、18歳の視野をもって「医師」を目標とする者にとっては、「医療倫理」などの分野は、あとで問題意識をもつ分野ではないか。大学入学後早期に医療現場にふれさせる「early exposure」が比較的評判がよいといわれるように、多くの学生は当初、ひたすら医療技術の修得を希望すると考えてよいであろう。カリキュラムもそれに沿って編成しないと学生から不満が出る可能性が高

い。すなわち、医師になりたいという強い希望を持っている学生に、その時点で医療倫理や、さらには文学の楽しみを説いても、不毛である可能性もかなりある。

　第2のグループは、大学入学時の希望を修正しつつ学習を進めていくグループである。入学時はバイオを学びたいと思ったけれど、その後、それらの学習を基礎に特許関係の業務を専門としたいと決意したりする例である。高校の進学指導などの実情を聞くと、本音を言えばこのグループだと思う学生は決して少なくないという印象を持っている。

　第3のグループは、大学の提供するメニュー（いわば学科を中心にする教育）にとらわれず、独自に学習プランを作って学習していきたいグループで、このグループの学生は、大学で種々の講義を聴きつつ、多くの教員に接し、その興味の対象の紹介を受けて、自分の将来をゆっくり設計していきたいグループである。

　このような現状を考えると、高等教育の担当者は、こういった事実に十分配慮して教育課程を構築していく必要があると言えよう。現在、大学生の退学率を正確に把握することは容易ではないが、公表されている資料を見ると、いわゆる上位校では5％前後、もしくはそれ以下の大学もあるが、多くは、よくて数％、さらには20％に及ぶ退学率の大学もあると聞く。その理由はいろいろであろう。経済的理由などが大きいのであろうが、入学後に実感するいわゆるミスマッチで悩む学生、それによって退学を余儀なくされる学生が少なからずいるであろう。これは、18歳の選択の見直しに対する配慮が大学には必要なことを意味していないであろうか。

　私事で恐縮だが、筆者が入学した大学は、2年次後半に進学先を決めるシステムであった。大学入学前には予想もしなかった学科に進学したが、入学時の将来の希望に沿った内容の学科であったことは幸いであったと考えている。それでもずいぶん他の学科も検討したことを覚えている。

3. 「学士」を育てる

3−1.「学士力」「学士課程教育」の提起

　筆者が勤務している中部大学では、その教育の基本理念を「〈不言実行〉、あてになる人間を信条とし、豊かな教養、自立心と公益心、国際的な視野、専門的能力と実行力を備えた、信頼される人間を育成するとともに、優れた研究成果をあげ、保有する知的・物的資源を広く提供することにより、社会の発展に貢献する」と要約している。すなわち、養成すべき人材は、「社会人としての常識があり、かつ特定の技術的な訓練を受けた人材」とでも要約されようか。この「特定の分野について、技術的な訓練を受けた人材」の部分は、むしろ理解しやすく、また、多くの分野で、かなり発達した教育体系を構築しているといってよいのではないだろうか。それが、いわば「専門教育」である。

　一方、「社会人としての常識があり」の部分の教育は、必ずしも共通の了解が構築されていないと筆者は考えている。この分野は、従来「教養教育」とか、「一般教育」とか、「共通教育」とか称されてきた部分であろう。この分野の教育に成功するか否かは、いわばその大学の見識が集約された形で現れる分野であり、「教育力」が試される分野ではないかと考えられる。

　しかし、残念ながら、この趣旨の教育が成功しているという話をあまり聞かない。「教養教育」「一般教育」は、常に「見直し」の対象になってきたと言えるのではないだろうか。

　そのひとつの理由は、いわゆる「教養教育」「一般教育」が、長いこと「知」への憧れの領域を中心に進められてきたからではないかと思う。旧制高校などでの「教養主義」を論じた方の議論を読むと、まさに、それが現代の要請には合致していないのではないかと思う。筆者のように旧い「教養主義」の好きな者にとっては残念ではあるが、そういう時代なのであろう。すなわち、現代の「教養教育」は、新しい時代を生きていく「基礎力」ともいうべき、「基礎的素養の養成」としての基盤教育が必要であることを痛感する。このように、現代の「教養」は、わずか50年以上前に筆者が「教養教育」を受けた時代とは、根本的に変質していると考えてよいであろ

う。
　現代の「教養」は、現代社会論、自然科学論、現代技術論、情報科学、安全学、環境科学、健康管理論、防災学、資源論、経営論、法律論などを含むのではないであろうか。
　こういう状況を考えると、文部科学省が、2008年に「学士課程教育の構築に向けて」というレポートを公表し、「学士力」「学士課程教育」といった問題提起をしていることは注目に値しよう[3]。従来の「教養教育」「専門教育」と分けて考える認識を改めて、「学士力」「学士課程」といった、いわば、全人格としての能力の向上という認識に至ったことを、筆者は歓迎したい。
　同答申でも、多文化・異文化に関する知識の理解、人類の文化、社会と自然に関する知識の理解などが要求されるとし、また、コミュニケーション・スキル、数量的スキル、情報リテラシー、論理的思考力、問題解決力などが必須の汎用的技能として示されている。

3－2．現在の専門教育——学部教育と大学院教育

　科学技術が長足の進歩を遂げた20世紀、特にその後半を経た現在、「知」の体系は大きく変化しているのではないだろうか。この変化の激しい時代において、価値判断を誤ることなく生き抜いていくためには、基本的な「知」の訓練が必要であるように思われる。それこそが、現代の大学教育であろう。広く、現代の「知」の体系に触れ、その中から、自らが職業としていく領域を選択することが必要ではないか。こういう視点から考えると、学士課程では、まず「専門教育」は後回しにして、入り口として、広く現代の「知」に触れるべきかと考えられる。いわゆる「専門教育」は、主として大学院で行われればよいであろう。村上陽一郎氏、諸星裕氏も、この立場で見解を述べておられる[2,4]。
　アメリカでは、「医学」を専門とする学生は、まず、学士課程で「生物学」などを広く学んでから「専門教育」を受ける。医学教育はこのようなシステムが望ましいと思う。今の日本では、医学部に入学して、どうもミスマッチだと気づいても、「高校卒」に戻ることになる。もしアメリカ式で

あれば、「大学卒」として別の道が歩ける。高等教育として基本的な修養をすませているからである。上述のように、筆者は、医学教育は、大学教育を受けた者が受けるべき教育であり、18歳の選択で受けるべき教育ではないと考えているが、このことをどなたかに話したら、医師になる年齢が高くなって、医師として働ける期間が短くなるとの指摘があった。どうであろうか。

現在、多くの大学の理科系の学生はほとんどが大学院へ進学するという状況を考えると、学士課程では「教養」をもっぱら学んでも遅れることはあるまい。これが、学融合の第一の道であり、学問の再構築の糸口ではないかと考えている。学士課程でじっくり自分の生きる道を考える。そして、自分はこの分野を専門として生きていくという決心をして、大学院で「専門教育」を受ける。「学士課程」でその基盤がしっかり構築されているから、迷うことはないであろう。日々、夢中で専門家としての資質の獲得に邁進するはずである。

4．これからの高等教育に必要なこと

4－1．現代社会の仕組みの理解

高等教育を担当する者が配慮すべき一つの重要なポイントは、現代の社会が運営されている仕組みを十分理解できるように教育課程を構築すべきであるということであろう。

現代の社会は、いわば管理社会ともいうべく、一見極めて選択肢が少ないように見えるが、筆者は若い世代が生きていく上で、選択肢の大きい社会であるとの見方をもっている。農業の従事者が50％以上で、その大部分が世襲であり、商店の経営者も多くが親の事業を継承していた時代より現代は進路選択の幅は広い。逆に考えると、現代は、「商店」の後継をすることも難しくなっている。商業は集約化している。「シャッター商店街」に象徴されるように、大型店とコンビニといった大きな資本による寡占体制ともいうべき状況で、とても商店の後継に夢を見出しにくい社会状況であろう。「家業を継ぐ」として、いわば就職を探さないという者が少なくなって

いるといってよいであろう。これでは、新卒者の「就職率」が大きな社会問題になるはずである。大学も「キャリア教育」に力を入れざるを得ない。その問題点は、村上陽一郎氏が指摘している[5]。

こう考えると、高等教育を受ける者は、現代の社会を動かしている法律、経済、産業、文化などの仕組みを十分理解する必要がある。また、上述のように、現代の社会が科学技術を基盤にしていることも重要である。現代社会に生きていく上で、科学技術の理解は、高等教育を受ける者にとって基本的に重要な事項である。生活を支える工業技術、食の安全、資源、環境、防災、健康管理なども、この厳しい時代を生きる必須の修養事項であろう。これらの修養なくして、限られた資源の中で、税などを有効に活用していくことは大変困難であると考えられる。特に、資源の少ない我が国は、広く世界のネットワークの中で生きていくことが必須である。われわれに要求される資質には厳しいものがある。

高等教育を受ける者は、以上のような事項について十分な見識をもっていることが必須であろう。「専門」に閉じこもっていられる時代ではないと考えている。

一方、高等教育を受けた人材は、やはり基本的なリテラシーを身につけている必要があろう。例えば、国語教育、語学力（トリリンガルが普通になろう）、情報処理技術、自己表現力、統計的解析能力などなど、現代社会で必須のリテラシーは非常に広範囲にわたるものとなろう。

4−2．国際人としての資質の涵養

これから、資源も土地もないわが国が、世界の中でどのようにして生存を確保していくかという、いわば国家観には個人によって大きな違いがあってよいが、筆者は、前項で述べた「科学技術」に基盤をもつことと併せて、世界の中で、わが国がどのような姿であるべきなのかという課題があると考えている。特に高等教育を受けたものは、わが国の進路について、明確なビジョンをもっていてほしいものである。

筆者は、アメリカの友人、スイスの企業で働く友人などに恵まれているが、この2国の人々と、日本人の「外国人」に対する見方、「国際的」とい

うことに対する見方に大きな違いがあるという印象を持っている。多民族で構成されれているアメリカ人との対話では、しばしば、私の曽祖父がオランダから来たとか、400年も前にスペインから来たといった話が出る。世界の種々の国からやってきた人々で構成されている国であることは、当然の前提になっている。しかも、鎖国しても生きていけるほど十分な資源と土地に恵まれている。

　一方、スイスの人々は、内需中心などということは、もともと考えないであろう。世界中から人材を集めて、世界中を相手に企業活動をする。生まれた時から、英、独、仏の3ヵ国語は当然である。もし、このどれかが欠ければ、たとえば秋田へ出張すると言葉がわからない、大阪と東京では言語が違うという感覚なのではないだろうか。しかも、夫はイタリア出身、妻はスペイン出身などととなると、さらにイタリア語とスペイン語が加わる。このような状況は、「国際的」という感覚がまったく違うのではないかと想像している。

　翻ってわが国では、街で外国人に英語で話しかけられて、何んとかでも対応できる人たちはそれほど多い割合を占めているとは思えない。高等学校まで6年間も英語教育を受けたにもかかわらずである。この状況は、わが国が世界で地理的に離れていること、海洋上を除いていわゆる国境がないことなどと相まって、独特の「世界観」を持っているといってもよいのではないかと思われることがある。

　しかし、改めて述べるまでもなく、わが国がこれから生きていく上では、世界の人々の生活に貢献して、その中で「われらの安全と生存を保持しようと決意」せざるを得まい。その先頭に立つべき高等教育を受けた者は、ぜひ、世界へと視野を広げてほしいものである。近年、留学志向も減少しつつあると聞く。企業でも海外勤務を希望する人が減少しつつあるとも聞く。各人の事情はあろうが、21世紀にわが国が世界で生きていく上では、世界の人々の生活に貢献していく以外道はないであろう。遠からず世界の人口は90億人を超えるであろうと予想されている。高等教育の成功によって、世界が日本人の見識、科学、技術に期待することが大であるという状況を作ることが重要であることを実感する。

４－３．「知」に対する憧れ

　一方で、高等教育を担当する者は「知」に対する憧れを充足する教育課程を構築することを忘れてはならないであろう。「人はパンのみにて生きるにあらず」を持ち出すまでもなく、深い人知にふれることは、高等教育を受けた者の至上の楽しみであるはずである。日々の「生業」のために、現代社会の厳しい要求に対応していくことは、高等教育を受けた者といえども避けて通ることはできない。しかし、その中にも、「知」への憧れを忘れてはいけないことを強調しておきたい。戦後、ある書店が、乏しい資材の中で、「知」に関わる本を売りだすという情報が入ると、食物すら十分確保できない中で、列を作って本を買い求める人々がいたと聞く。まさに、「知」への憧れは、時に生活の基本をも構成するということを示しているのではないだろうか。

　わが国は、長いこと鎖国という状態があり、地理的にも外国から離れたところにあることから、「知」の集積は、世界に誇るべき独特の「文化」を作りだしてきた。それは、独特の生活スタイルを作りだし、人間関係を形成してきた。「逝きし世の面影」[6]にあるように、明治の頃、日本にやってきた外国人は、この物質的に貧しい国で、人々がいかに道徳的であるかに驚きを隠せなかったことを述べている。海外で活躍する日本人の人格的評価が非常に高い例は無数といってよいほど耳に入る。そのような素養の基盤に、日本人のもつ独特の文化があり、それは「知」への憧れといった形で、われわれに受け継がれてきているように考えている。他の稿で、井上教授も述べておられるように、科学技術が生活の隅々まで浸透している現在、「知」への憧れの領域を専門とされる方々の活躍の場が相対的に小さく見えることは不幸である。

　高等教育課程を構築するにあたり、筆者は上記の項目に十分配慮が必要であると考えている。

４－４．「知」への憧れをどう具現するか

　理系の立場から言うと、理系の知は、何らかの実益に結びついていると

いってもよいのではないかと思うことがある。村上陽一郎氏のいう「社会の要請」を受けての科学技術であろう[2]。対するのは、科学者の関心によってのみ支えられる科学である。一方、基礎科学領域の研究は、すぐ実益に結びつかないとしても、必ずやどこかで実益に結び付く可能性が大きい。数学などの領域では、よくそのような例を聞く。"実益"を狙っている者にも、多くの場合、「基礎科学が重要」という認識があるのではないだろうか。科学の研究に従事している者は、どんなに実用に結びつきそうもないといっても、必ずいつか結びつくと思っているのではないか。すぐに結びつけば、企業もその成果を活用しようとするであろう。しかし、30年後に実用に結びつくような研究には企業も飛びつかない可能性が大きいし、また、科学者の間でも評価することが難しいかもしれない。しかし、多くの科学者は、将来結び付く可能性がゼロということはないと考えていると言っても間違いではなかろう。

　理系の領域で仕事をしている筆者にとっては、文学や詩、哲学・倫理、音楽などは、「知」を楽しむ領域である。高校や大学の教養課程などで、また、その後も多くの方々とのお付き合いの中で、このような「知」の楽しみを多く教えられた。それが、「生業」としての仕事に役に立ったかと問われると、何と応えてよいかわからないが、これらの「知」が人生をいかに豊かにしてくれたかは強調する必要のないほど当然のことである。もし、このような「知」を追求しておられる方々がおられなかったら、まさに、そのような楽しみを味わうことができなかったことは間違いない。こういう意味でも筆者にとって教養教育は人生で大きな意味を持っていたし、また現在ももっている。

　しかし、いろいろな場面で見られるように、このような教養を学生に強要するということはいかがであろうか。「教養科目何単位必修」などというシステムを筆者は多くの大学で見てきた。問題はその点にあるように思える。一方で、教養教育をあたかも専門教育に対する「スパイス」のように論ずるケースも見られるように思えて愉快ではない。教養教育は、必須で何単位取得すべしといったものでもなかろう。何とか医師になろうとしている学生に、「文学の楽しみ」を強要する必要はあるまい。当人が、「文学」

に関心があれば、自ら学べばよいし、大学に用意されている多くの教養科目から選んで学べばよいことである。「文学」が「音楽」であっても結構であるが、これらを「必須だ」といって強要する性質のものではあるまい。強要することによって目が開かれるのだとおっしゃるなら、また、それは別のことであろう。目を開かせる方策は強要ではあるまい。

4-5. 強要しない教養教育

　それでは、「強要しない教養教育」とは、どのように構築したらよいのであろうか。筆者はその鍵は大学の教員が「自分が本当に楽しいと思うことを伝える」ことにあると思う。大学の教員は、すべてが、自分が本当に楽しいと考えている分野を持っている。それを、わかりやすく学生に開示する。それは、実際の専門知識である場合もあろうし、「知」への憧れに属する場合もあろう。いずれ、「自分が本当に楽しいと思うことを伝える」ことは、学生に感動を与えずにはおかないと考える次第である。大学教員である以上、大学の教育方針、教育課程に従って、いわば「義務」としての教育の部分があることは、やむを得ないことである。しかし、せめて、教育に携わる時間の一部は、「自分が本当に楽しいと思うことを伝える」ことに使ってよいと考える。その部分を、同僚と相談して、基礎段階から、かなり高度なレベルまで体系的に教育できれば、さらにすばらしい教育体系になろう。たとえば、「フランス文化に明るくなりたい」という希望を持つ「バイオを専門とする学生」などというのも、大学で教育を受ける楽しみである。この学生は、フランス語の基礎から始まり、フランス革命を理解し、デカルト、パスツール、さらには、サルトル、フーコー、ドビッシー、ラベルなどにも触れられたらどんなにか楽しい人生が送れることであろうか。もしかすると、はからずもパスツール研究所へ研究に出かけることだって考えられる。

　「教養」という言葉には、どうしても伝統的な「哲学」「文学」「歴史」「言語」などのイメージがつきまとう。それらは、上述のように、「知」への憧れとして価値の高いものであることを筆者は疑わない。それらは人生を豊かなものにしてくれる。しかし、一方で、現代社会で生きていくためには、

「科学」「技術」「環境」「医療」「社会制度（法律、社会保障など）」などについての"教養"が必須であることも自明である。これらは、いわば新しい現代の教養として、それを教えるシステムを構築する必要がある。

　例えば、バイオを「専門」とする学生を育成するとする。「バイオ」については、専門知識を教える必要があるが、社会で生きていくためには、「法律」も知らなければ遺伝子組み換えや放射性同位体の扱いを理解することができない。体をこわせば医療についての教養も必要である。コンピュータが生活や職業上の必須のものとなっている現代、それを使いこなすための「教養」も必要であろう。クラウド時代はすでに幕が開いている。電子書籍が書籍が担っている文化の大きな部分を占める日は5年以内であろう。社会は急速に変化している。「教養」の質も変わるはずである。

4-6．教養教育の楽しみ

　ここで、伝統的な「知」への憧れの「教養教育」から少しはずれた現代の「教養教育」について考えてみたい。

4-6-1．工業技術

　筆者は、工業技術についてはまったく無知といってよい。あるとき、工学を専門とする教授に、「携帯電話」の仕組みを理解させるような講義は組めないものでしょうかと伺ったことがある。その先生は、しばらく考えられて、「それはなかなか難しい。一人では無理でしょうね」とおっしゃった。その後も、たびたびこの疑問を自分の中で反芻している。たとえば、私は、スマートフォンなるものを愛用し、Wi-Fiなる無線の電波を利用しているが、あの小さい電話機の中で、タッチパネルという方式の信号がどう受容され、処理されて画面に表示され、さらに電波が送られて、戻ってきて、情報を与えてくれる。それにはどのようなパーツが必要で、その原理はどのようであるか、電池に至るまで説明を聞きたいものである。さらに、情報処理のためにどのようなソフトが開発されているかも知りたい。アンドロイドなるものの原理、それに基盤を置くソフトの考え方などなど、知りたいことの山である。なぜレアアースが必要なのか、なども市民の常識として理

解していないと、世界との交流すら目標が立たないように思われる。

４−６−２．技術倫理

　世界的には、技術者は技術倫理を学習することが必須になっているようである。JABEE なる国際的に認定された技術者の資格でも、技術倫理は必須の科目になっているという。筆者も技術倫理という分野の書籍を何冊か読んでみたが、アメリカの本は、まさにケーススタディーで、種々の事例を挙げて、技術者はどういう対応をすべきであるかを学習していく。一方、わが国の技術倫理の本では、むしろ原理的な考え方を理解させようとしているように認められる。

　高等教育を受けたものの多くが、いわゆるメーカーという会社で、営業なり、運営に携わるとしたら、技術倫理は一般市民にとっても必須の高等教育の科目になるであろう。製造物責任が問われる時代である。技術倫理は、製品のセールスにあたる者にも必須の項目になるのではないであろうか。

４−６−３．資源と環境

　良識ある市民にとって、資源と環境について基本的な価値基準をもつことは必須であろう。現在の状況でも、世界全体が先進国の生活水準を享受するためには、地球が２〜３個も必要であろうとされている。このような状況を実現することを予想することは大変困難である。そのために、やはり資源と環境についての基礎知識をもつことは高等教育を受けるものの必須の前提となろう。「環境」に対する認識が「公害」をきっかけに広く関心を集めるようになったのは、1960 年代からであろう。レイチェル・カーソンが「沈黙の春」を出版したのもこの時期である。その前後を比べると、われわれを取り巻く環境がずいぶんよくなっているように思う。筆者が住んでいた近くの隅田川の汚染一つをとっても努力する成果は目に見えている。環境倫理学といった分野にも興味深い多くの論文がある。筆者の小論を参考にしていただければ幸いである[7]。

　一方、資源の面では、高等教育を受けたものがどのような認識を持つか

は今後の大きな課題であるように思われる。漁場での漁船のトラブルが、すぐに資源の輸出に影響し、さらには工業製品の製造にも影響する時代である。

4－6－4．バイオサイエンス、ヘルスサイエンス、メディカルサイエンス

筆者は、いわばバイオサイエンスの一部である栄養学を専門としてきたこと、また、大学でバイオサイエンス・バイオテクノロジーの学部の設立に関係したことから、バイオサイエンス・バイオテクノロジーの現代における意義について考察するところが多かったので、少しその一環を記しておきたい。

現代の生物科学の発展は、その黎明期がそれ以前にあったとしても、1953年の Watson と Crick の DNA の二重らせん構造の発見にあるとすることに、疑義をはさむ者は少ないであろう。この発見は、その後、まったく予想できないほどのバイオサイエンスの発展の端緒となった。

現在、もし、個人の遺伝情報が漏れるというようなことがあると、膨大な精神的、物質的損害があることは明らかである。このようなことから、1970年代以降、アメリカに発した生命倫理学の意義は年々重要さを増している。生命倫理学は、医療倫理学ばかりでなく、医療倫理学は生命倫理学の一分野と言ってよい。例えば、ある個人が、ある疾病にり患しやすい遺伝的素質をもっていると判定された場合、保険契約、結婚、就職、その他、想像できない事項で不利益を被るであろう。個人の DNA 全体の解明が数日以内に可能となった時代にいることを認識していないといけない。

一方、生殖医療の領域も、市民が当面する重大なメディカルサイエンスの領域である。子供がほしいと考えた場合、授精、卵子の提供、妊娠の依頼（言葉は好きではないが、いわゆる仮腹）といった選択肢があり、8種類の子供の産み方があることになる。生体外受精による不妊治療も一般的になっている。こうした生殖補助技術によって生まれた人の数は、かなりになっていることは周知の事実である。この事例も、バイオサイエンスが市民の生活に深く浸透しており、その基礎知識なしには対応することが困難

になっている。「仮腹」などという方法が初めて世に出たときには、世論は一般的に、「とんでもないこと」であるという風潮であったが、さるタレントが、外国で「仮腹」で子供を得ようと努力した時には、世論は「がんばってこいよ」といった反応ではなかっただろうか。わずか数年の間の価値観の変化である。子供がほしいがなかなかできないという夫婦にとって、この問題はすぐに自らの問題になる。

4－6－5．生死とメディカルサイエンス

人類はその誕生以来、死の3条件、心臓の停止、呼吸の停止、反射の停止（瞳孔の反射）をもって「死」としてきた。しかし、周知のように、「脳死」、「臓器移植」などといった技術が広く行われるようになり、「死」の概念が一変した。われわれの世代の者にとっては、「我が国初の心臓移植」の衝撃は記憶に新しい。今や心臓移植をはじめとする再生医療を受けて生を享受している人々は相当な数にのぼる。一方、全くの植物状態でも、かなりの年月生存が可能でもあり、われわれの周囲にも少なからずの人たちが、意識のない状態で長いこと生存している。

「誕生」の概念も大きく変化している。受精の瞬間から「人」であると考える人々から、「経済的理由」で産むことをやめる自由に賛同する人々まで、広い選択肢がある時代である。このような状況も、市民がヘルスサイエンス・メディカルサイエンスの基礎的な判断能力を有することを求めていないであろうか。高齢者の家族は、万一の場合に、人工栄養法をなさいますか、延命治療を選択されますか、という難しい質問を医師から受ける時代である。

我が国は、1000兆円に達しようという国家の負債を抱え込み、多くの施策の遂行が困難になっている。医療に支払える資金も限界に近いと聞く。このような状況では、市民は、自己の健康管理をしっかり行い、医療費の節減につとめなければなるまい。すなわち、国の発展のためにも、個人のバイオサイエンス・ヘルスサイエンス・メディカルサイエンスに関わる「教養」は重要な事項になることは明白である。発展途上国などで、女性の教育が出産や生活にいかに大きな影響を与えるかということは多くの識者が

強調するところである。女性に限らず、市民が高度な「教養」をもつことは国の発展の前提であるように考えられる。世界的には、いまや、高等教育を受ける者の必須の前提として、バイオサイエンス・ヘルスサイエンス・メディカルサイエンスが要求されるようになっているという。

4－6－6．食の科学の学習の意義

食生活の管理にも明確な意識をもち、健康の維持、健康な長寿を目標とせざるを得まい。栄養学はバイオサイエンス・ヘルスサイエンスの一領域であるが、特に、栄養に関する基礎知識は生活の質を向上させる上で重要であると筆者は考えているので、そのことに少し触れたい。

我々は、毎日食物を摂取して生活を営んでいる。食事をいつ、どのような食品を、どれだけ食べることが適切なのかを考えるのが栄養学である。もちろん、われわれの食生活は、伝統の上に立っており、文化となっていることも事実である。しかし、わずか100年ほど前には、脚気が国民病と言われたことも事実で、当時の食文化では脚気を防ぐことができなかった。世界では壊血病が大きな社会問題であった地域も時代もある。このように、食は科学的知見に支えられる必要があるのである。高等教育を受けた方々にも、さらには医師の方々にでさえ、ときに非科学的な食の理解をしておられる方を見ることがあるのは不幸である。

近年のバイオサイエンスの進歩は、「栄養」が体の機能の維持に多大の影響を及ぼすことを次々と明らかにしている。それは、代謝に及ぼす影響はもとより、内分泌機能、神経の機能、免疫機能にまで大きな影響を及ぼしている。これらの機能に影響するということは、疾病の予防や健康の管理に栄養が大きな影響を及ぼすことを意味している。

5．大学の進む方向を探る

5－1．**自由な生き方を支援する大学教育**

近年、資格を取得できる大学教育が注目を集めている。それに異議を差し挟むつもりはないが、社会で、「資格」が必須である職業に従事している

方々は必ずしも多いわけではなかろう。もちろん、就職後、仕事の関係で「資格」を獲得した方々は少なくないであろう。しかし、それを大学時代に取得しなければならないものは、けっして多くないはずである。かなりの人数は、いわゆる流通業などに従事して、特に資格は必要でないし、運輸業などでは、運転免許は必須であろうが、免許を大学教育の一環として取得しているわけではない。医師、看護師など医療関係、教員などは大学教育で受験資格を得るが、弁護士、公認会計士、税理士などは、必ずしも大学教育が必須ではない。

　大学で学ぶ意義があるとすれば、その4年間に、じっくり自分の未来を考え、そのための準備をすることではないだろうか。ある学科に入ったからといって、必ずしもその学科を卒業しなければならないといって自分を縛ることはなかろう。自由に、自分の将来設計に有力な価値観を与えてくれる教員に接し、思う存分自分の興味を延ばすことである。それに対して、大学は制度的な保障をすればよい。たとえば、どのような科目を取得しても、一定の単位数を取得すれば卒業とする。もし、必要なら、認定委員会のようなものを作ってポートフォリオのようなものを基盤にして卒業を認定すればよかろう。各科目の単位はもちろん担当教員が責任を持って認定する。

5-2. 教育システム試案-広場としてのサステナビリティ学のすすめ

　以上のような立場で、高等教育を考えると、いわば21世紀の高等教育は、サステナビリティ科学が主題になるように考えられる。共通に近いDepartmentを作り、サステナビリティ学を中心にすえる。ここを現住所にすることができる。ここで卒業もできる。この方針で教育を受ける入学者も受け入れる。

　「サステナビリティ学」の構築については、筆者が一試案を提起しているので、参照いただければ幸いである[7]。さらに、前論を拡張すれば、サステナビリティ学は、高等教育の「広場」ともいうべき位置づけにしてはいかがかと考えている。18歳の選択は、尊重してよい。しかし、もし、それを再検討しようとすれば、「サステナビリティ学」の広場へ出ればよい。そ

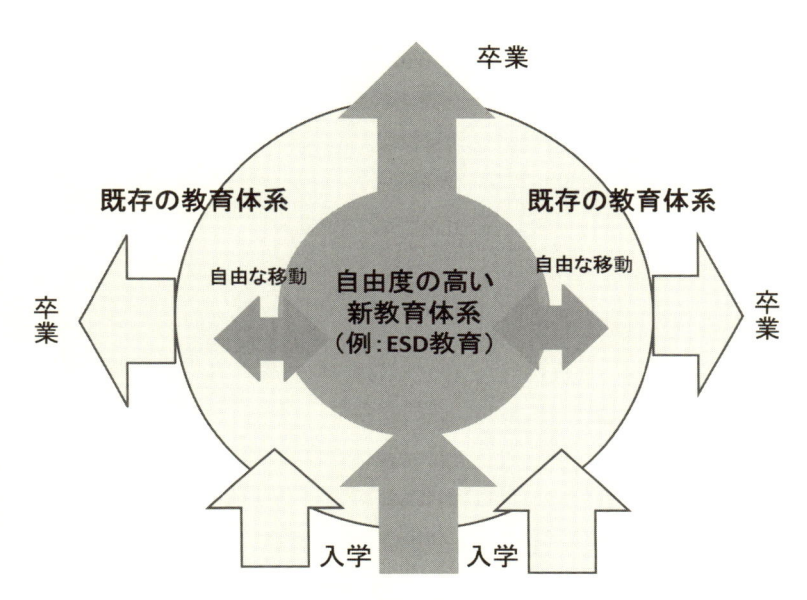

図表1　新しい教育体系のイメージ

こで、いわば高等教育の別の側面にふれて、再び18歳で選択した専門に専念してもよいし、方針を変換して広場から、また別の専門領域へ踏み込んでもよいであろう。

　現代、学部教育で「専門家」として活躍することは、まず考えられない。もしあるとすれば、「バイオサイエンス」に明るい「知識人」、「情報科学」に明るい「知識人」であろう。そして、多くは、マネージメントや営業などの分野で活躍するのが現実ではないか。そのような人材を育成するのに、「専門」の強要は必要ないのではないだろうか。繰り返すが、「専門」は、大学院教育で行うのが適当であろう。わが社の携帯電話や自動車を設計することはできないが、その特色をよく理解して利用者に紹介するという仕事には、やはり「教養教育」が重要なのではないだろうか。このような構想の概略を図表1に示した。

5－3．開かれた教育への対応

　梅田望夫氏、飯吉透氏が、最近「ウェブで学ぶ」という本を出版され、「開かれた大学教育」について紹介しておられる[8]。断片的には知っているつもりであったが、その内容は筆者には大変印象的であった。今や、大学生は世界で一流の教材や講義にいつでも接することのできる時代である。大学も大いに変わらなければ、その存在理由が問われることは明白である。

　このような開かれた教育によって学んだことを、大学はどう評価すればよいのであろうか。基本的には、学んだ内容を大学の教員が精査し、その達成度を評価して、単位認定をするといったシステムの構築が必要となろう。すなわち、教員は、注目すべき材料を紹介し、その instruction にしたがって学習した学生の評価を受け持つこととなろう。また、ウェブで公開されている教材を学生と一緒に視聴して、あとで討論するといった授業も可能である時代である。

　また、教科書も大きく変化するであろう。電子書籍の時代である。筆者の領域である理系では、現在でも教科書の売れ行きは芳しくないと聞く。たしかに、理系の教科書は学問の進歩に応じて常に更新されている。バイオサイエンスの領域などは、まさに日進月歩で、世界的な教科書は、短時日のうちに新しい知見を盛り込んだ新版が出される。学生時代の教科書を大切にして、いつもそこから学ぶという時代ではない。電子書籍の時代になれば、重い教科書を毎日数冊大学へ持ってくるということはなくなるであろう。今でも、学生の持ってくる辞書は、すべてといってよいほど電子辞書である。特に、国家試験が課せられている課程などでは、教科書、辞書、過去問題集などを、ただ一つのデバイスを持ってくるだけで全課程が学習できる。図書館が保有している電子書籍もどこででも利用できる。キーワードによる検索すら簡単である。ある教科書を、その著者が属する大学の学生に特別価格で提供することも容易である。卒業後でも、最新版に更新して使用することができよう。このようなメリットのあるシステムが広がらないはずはないであろう。ノートはすべてクラウドで保存でき、いつでも呼び出せる。一方、電子教科書は、出版側にとっても有利であるはずである。改訂、訂正は頻繁にできる。デバイスを譲らない限り後輩に教科書を

譲れない。印刷会社や倉庫、流通への配慮も不要である。このような変化への移行は、5年とはかからないであろう。平成25年頃入学する学生は、すべて多機能端末持参で大学へ来るに違いない。

5-4. これからの大学教員の役割

　大学教育を以上のように考えると、これからの大学教員の姿が見えてくる。大学が、優れた研究を行い、その活動に基づいて教育を行っていくことに異存はないが、それに加えて、より重要性の高いと考えられる役割があるのではないか。すなわち、学生の人生の選択についてのアドバイザーとしての役割である。いままでの大学は、そのような配慮は二の次であったように考えられる。これからは、学習ナビともいうべき、学習の道筋に対するアドバイスが重要な比重を占めるべきではないであろうか。これは、すなわち人生ナビでもあろう。

　開かれた教育がますます重要になってきている現在、「知識」は、どのような手段でも得ることができる時代である。それでは、大学で学ぶ意義はどこにあるのであろうか。それは、教員と学生の直の接触、学生同士の直の接触、教員と学生のグループとしての接触などに大学の存在意義があると考えられる。

　大学を研究中心の大学と教育中心の大学に分けて考えようという議論がある。大学教員としては受け入れたくない議論ではあるが、大学教育がユニバーサルになっている現在、事実としてはやむを得ないであろう。教育中心の大学では、特に学生の学習ナビ、人生ナビが重要視されるのではないか。時代は変化している。大学も大学教員も数十年前に自分が受けた大学教育にこだわっている時代ではない。新しい大学の在り方を意欲的に開発していく時であろう。

5-5. 学生の受け入れ（アドミッション・ポリシー）

　このようにこれからの大学の使命を考えると、アドミッション・ポリシーは、現在の方式とはずいぶん異なってくるのではないだろうか。現在の方式は、何学部何学科を受験して合否を決める。すなわち18歳でdiscipline

を選択せざるを得ない状況である。この発想を変えてもよいのではないだろうか。例えば、18歳の選択は本籍として、希望すれば従来通りそこでは従来の教育が受けられる。例えば、医師を目指すといった人材は、この道を選択すればよい。しかし、このように入学した学生も、大学入学後の学習によって、方針を変更してもよい。その場合は、直接「専門」を変更すること（本籍を変えてしまう、もしくは現住所を他の専門に変更する）も可能であろうし、とりあえず「広場」へと現住所を移し、自分の将来をじっくり見極めて修練することも可能にする。このようなアドミッション・ポリシーも筆者には魅力的に見える。諸星裕氏によれば、アメリカでは約70％の学生が入学時に考えていた専門には進学しないという[4]。文部科学省の「学士課程教育の構築に向けて」でも、「入学時から学生が学科に配置され、専ら細分化された専門教育を受ける仕組みについては、当該大学の実情に応じて見直しを検討する（例えば、学部・学科間の移動の弾力化、学部・学科の在り方の見直しなど）」と述べられている[3]。

5－6．高等教育の成果評価－ポートフォリオ

いずれ、大学教育は必須ではない。高校卒でも十分社会で活躍できる。それでは、大学で学ぶ意義は那辺にあるのであろうか。私は、それは、基本的には、学ぶ者個人が、社会に提示できる形で学んだ意義を示せればよいと考えている。それを、ポートフォリオのような形でまとめてもよい。自分は、大学でどのようなことを考え、学んだかを示せばよいと考えている。

これは、明確な目標をもった課程で大学を卒業することを妨げるものではない。それは、もちろん意義のあることで、自分で大学でどのようなことを学んだかを示して、医師の資格を与えよと主張することができないのは明白である。医師の資格を取るためには、医学部の規定する課程を修め、国家試験に合格するしかあるまい。既存の課程の趣旨に賛同して、その課程を修了して、修了を主張することに私は異議を差し挟むものではない。ただ、大学を卒業した者が、すべてそれでなければならないかということに疑問を呈しているにすぎない。

ポートフォリオとは、一般に使われる場合は、たとえば大学の教員が、職

を求めて自分の活動歴などを記録して評価を受ける場合などに使われる、いわば活動の履歴書ともいうべきものとされる。筆者は、このシステムを大学生に適用し、大学で学ぶ者が、自ら、どのような教員に接し、どのような講義を受け、どのような書物に接し、どのような実習をし、どのように社会とかかわってきたかを記録したものとしてはいかがかと考えている。ある講義を受講した場合に、なぜその講義を受講しようとしたか、どのように学習を進めたか、その間、どのようなことを考え、どのような資料を調べ、教員にどのような指導を受け、どのような成果を挙げたか、また、それに対して、教員はどのような評価をしたか、などを記録する。教員は、その記録を見て、どのように指導したか、どのような成果を挙げたかを記し、評価を与える。高い評価が得られない場合は、なぜ、高い評価が得られないのか、次はどのように学習を発展させるべきかなどを指導項目として助言すればよい。どのような社会活動をしたか、どのような仲間と課外活動に励み、どのような楽しみを味わったかなどもポートフォリオに加えてよい。このような記録を集積して、それを、職を求める場合の評価書として提出することもできよう。いわば、知的成長の記録簿と考えてよかろう。大学もそれによって推薦状を書けばよいので、極めて客観性の高い推薦状を書くことが可能となろう。このような記録を集積し保存する方法として、クラウドシステムが適していることは言うまでもない。生涯の記録になるに違いない。端末一つを持ち歩くことによって、どこでも記録に追加でき、教員に送って指示を仰ぐこともできる。

5－7．卒業の認定（ディプロマ・ポリシー）

　アドミッション・ポリシーからも想像されるように、大学の4年間は、無理をして「専門」の学習をする必要はないであろう。じっくり、自分の人生を見極め、将来の生き方を探る時期にすればよい。その間に触れた多くの教員の講義やゼミによって修得した成果を記したポートフォリオをもって、就職先を探し、大学の卒業資格取得の申請をし、卒業認定委員会で認定を受けるといった方式で卒業の認定をしてもよいであろう。移行期間は、教員の負担も事務職の負担も多大であろうが、軌道に乗れば、自ずと有効

な方法が見いだされていくはずである。こうして、大学は、「この学生は、こういう方針で学習し、こういう能力を身につけました」という推薦状を書くことができよう。このような学習の過程では、おのずから問題解決型の人間の養成、チャレンジ型の人間、優れた国際感覚を身に付け、わが国の進路に見識をもつ人間が養成されるように思っている。用意された「定食」を食べるのではなく、自分で食材を集め、自分で料理して食べる型の人間である。大学教師は、そのアドバイザーである。

ボイヤー氏は、大学教育の成果の測定に関する興味深い考察の最後を次のように結んでいる[9]。「成果の測定において必要なことは、履修した科目、得点、取得した単位によって示される。各学生の学習上の進度と、学業面だけでなく共同体への参加という側面も含んだ、学部課程の経験が及ぼす全体的な効果とを、バランス良く評価することである。そして、このような評価の実施を通じて、学部課程教育に対する期待は、低められるのではなく、むしろ高められていかねばならない」今後の大学の教員が十分に配慮すべきことのように思われる。

5-8. 就職について

以上のような学習をした学生には、多くの職種が待っているはずである。製造業、商業、流通業、運送業、旅行業、会社の海外部門の担い手、地域活性化、諸種組織の運営担当者、国家公務員、地方公務員などなど、枚挙にいとまがない。もちろん、各分野の専門領域の大学院へと進学して、「専門」の学習を深める者も多く輩出しよう。

6. おわりに

現代における大学教育について、思いつくままに述べてみた。20世紀第4四半期からであろうか、われわれの生活環境は急速に変転していると考えるがいかがであろうか。

一方、多くの大学教員は、いまだ40年50年前の自分が受けた学部教育、大学院教育に固執していないであろうか。今や、大学教員は、たとえ自ら

に不利があろうとも、新しい時代に適した高等教育を志向しなければならないのではないだろうか。それは、「手直し」、「最近の IT 技術を取り入れる」といった、手先の修正であるはずはないとの印象をもっている。図書館一つをとっても、蔵書の数を誇り、静粛な環境のなかで、じっくり調べ物や学習をするという側面以外に、その一角では、一つの画面を囲んで、学生と教員が喧々諤々議論するという時代へと移っているという。

　このような時代の高等教育がどうあるべきなのかを簡単には論じられまい。筆者の問題意識のような議論が広がって、新しい教育体系の構築を試みることが重要であろう。そのような試みが成功した事例が増えることが、新しい時代の高等教育への移行になるのではないかと考えている。その新しいシステムでは、学問の再構築、学融合、新しい世界の知識人の育成などといった問題意識に対する回答が、新しい姿で提示されるものと信じている。

参考文献

1) クロード・アレグレ　科学！21世紀の挑戦　歴史から未来へ　中村栄三監訳、林昌宏訳　NTT 出版（2010）
2) 村上陽一郎　人間にとって科学とは何か　新潮選書（2010）
3) 中央教育審議会　「学士課程教育の構築に向けて」（答申）（2008）
4) 諸星裕　大学破綻－合併、身売り、倒産の内幕　角川 one テーマ 21（2010）
5) 村上陽一郎　「大学って何」　日本経済新聞　2010 年 10 月 21 日　夕刊
6) 渡辺京二　逝きし世の面影　平凡社ライブラリー（2005）
7) 野口忠「持続可能学」の教育体系一試案　中部大学編　アリーナ第 7 号 287-292　風媒社（2009）
8) 梅田望夫、飯吉透　ウェブで学ぶ　ちくま選書（2010）
9) ボイヤー、E. L. 改訂版　アメリカの大学・カレッジ　喜多村和之、舘昭、伊藤彰浩訳　玉川大学出版部（1996）　原著　Boyer, L. B., COLLEGE: The Undergraduate Experience in America（1987）

注

図表1 新しい教育体系のイメージ
　学生は、既存の教育体系へと入学してもよいし、新しい教育体系へ入学してもよい。また、就学途中で、既存の教育体系へ移行してもよいし、既存の教育体系から新しい教育体系へ移行してもよい。卒業も、既存の教育体系も選択できるし、新しい教育体系を選択もできる。入学時の選択は、「本籍」として保障される。「本籍」を変えてもよいし、「現住所」のみ変更してもよい。既存の教育体系に入学して、別の既存の教育体系へと「本籍」や「現住所」を移すことも可能。

あとがき

　研究所では、2007 年 5 月から 2008 年 10 月まで 10 回にわたり、この時代の大学教育を考える研究会を行いました。その内容は 186 ページ以下の通りです。各回の内容と、会での議論は、中部大学中部高等学術研究所のホームページでご覧いただけます。
　この一連の研究会のまとめとして、広く皆様に問題提起になる本を出版しようという計画が持ち上がってから、ずいぶん時間が経ってしまいました。ここにようやく上梓することができました。
　ここには、実際に長いこと大学での教育に携わってきた者の、いわば本音が吐露されております。研究会の性質上、伸び伸びと問題提起をしておりますので、中には、実現に大きな壁があるだろうとか、無理ではないかとのご批判がありますことは十分予想しております。それでも、なおかつ、言わねばならなかったこととご了解いただけましたら、幸いです。
　研究会では、常に学の融合が意識され、学問の再構築が論じられました。その強い問題意識を感じていただければ、一同の喜び、それに勝るものはありません。
　繰り返しになりますが、この小書が、新しい時代の学問と高等教育についての議論が湧きあがるきっかけになればと祈っております。

平成 23 年 12 月

（野口　忠：記）

●中部高等学術研究所共同研究会　開催記録一覧

◆共同研究会　高等教育を考える ── アウトカムズを中心に

第 1 回研究会 2007 年 5 月 25 日
講師　長島 昭（中部大学中部高等学術研究所特任教授）
演題　大学に先生は必要か ── 教育評価のアウトカムズを考える

第 2 回研究会 2007 年 7 月 13 日
講師　井上 輝夫（中部大学人文学部・学監）
演題　大学の機能と高等教育のパラダイム ── アフォリズム的覚書

第 3 回研究会 2007 年 9 月 28 日
講師　山内 睦文（中部大学工学部・学長補佐）
演題　工学部の教育改革と教育におけるアウトカムズ

第 4 回研究会 2007 年 10 月 19 日
講師　岩田 修一（中部大学中部高等学術研究所客員教授
　　　　　　　・東京大学大学院新領域創成科学研究科教授）
演題　教育のアウトカムズを向上させるためのささやかな試み

第 5 回研究会 2007 年 12 月 14 日
講師　永野 博（中部大学中部高等学術研究所客員教授
　　　　　　　・政策研究大学院大学教授）
演題　わが国の科学技術政策の課題

第 6 回研究会 2008 年 3 月 14 日
講師　小野 桂之介（中部大学経営情報学部・学監）
演題　学部教育が直面する問題への対応

第 7 回研究会 2008 年 4 月 25 日
講師　中島 秀人（東京工業大学大学院社会理工学研究科教授）

演題　日本の科学／技術はどこへ行くのか ── 科学技術史からの展望

第8回研究会 2008年6月27日
講師　玉田 敦子（中部大学中部高等学術研究所研究員）
演題　「教養」教育は可能か？ ── 18世紀フランス修辞学から現代への展望

第9回研究会 2008年8月29日
講師　飯吉 透（中部大学中部高等学術研究所客員教授
　　　　　　　・米国カーネギー財団上級研究員）
演題　中央教育審議会報告「学士課程教育の構築に向けて」を読んで
　　　── 日米両国における大学ビジョンの比較を中心に

第10回研究会 2008年10月17日
講師　伊藤 康彦（中部大学生命健康科学部教授）
演題　新しい医科学への道 ── 高橋晄正の目指したもの

（所属は研究会開催時）

◆共同研究会　高等教育アウトカムズ研究フォーラム

第1回研究会 2005年6月24日
趣旨説明　長島 昭（中部大学中部高等学術研究所特任教授）
講師　青山 佳代（名古屋大学高等教育センター助手）
演題　教育評価方法の変遷と現状
講師　藤本 温（名古屋工業大学大学院工学研究科助教授）
演題　倫理教育のアウトカムズ評価の事例と方法について

第2回研究会 2005年10月21日
講師　戸田山 和久（名古屋大学大学院情報科学研究科教授）
演題　技術者倫理から科学技術倫理まで：現状と概念の整理
講師　長島 昭（中部大学中部高等学術研究所特任教授）
演題　アウトカムズとは？ ── 研究評価の事例から

第3回研究会　2006年3月3日
　講師　瀬口 昌久（名古屋工業大学大学院工学研究科教授）
　演題　エンジニアリングデザインと技術者倫理

（所属は研究会開催時）

執筆者略歴（執筆順）

飯吉厚夫
1936年、東京都生まれ。1965年、慶應義塾大学大学院工学研究科博士課程修了。工学博士。1965年、プリンストン大学プラズマ物理学研究所客員研究員。1969年、慶應義塾大学工学部助教授。1974年、京都大学工学部教授。1988年、京都大学ヘリオトロン核融合研究センター長。1989年、文部省核融合科学研究所初代所長。1999年、中部大学長。2005年、中部大学総長。2011年、学校法人中部大学理事長・総長。中部ESD拠点代表。文部科学省科学技術・学術審議会委員。京都大学名誉教授。総合研究大学院大学名誉教授。核融合科学研究所名誉教授。著書：『核融合入門』（共著、共立出版）。『ビッグプロジェクト──その成功と失敗の研究』（共著、新潮社）。

井上輝夫
1940年、兵庫県生まれ。慶應義塾大学大学院博士課程仏文学修了。ニース大学博士（フランス文学）。慶應義塾大学名誉教授。元中部大学人文学部教授。専攻・フランス19世紀文学、日本近代詩史。著書：『ボードレールにおける陶酔の詩学』（仏文、フランス図書）、『聖シメオンの木菟』（国書刊行会）、『旅の薔薇窓』（書肆山田）、『詩の冥府』（筑摩書房、共著）、『メディアが変わる、知が変わる』（有斐閣、編著）、『冬ふみわけて』（ミッドナイトプレス）、『詩想の泉をもとめて』（慶應義塾大学出版会）など。

笠原三紀夫
1942年、東京都生まれ。1972年、京都大学大学院工学研究科博士課程中退。工学博士。中部大学総合工学研究所教授、ウェストバージニア大学教授、京都大学名誉教授。京都大学助手、助教授、教授、エネルギー科学研究科研究科長、日本エアロゾル学会長、大気環境学会会長、科研費特定領域研究「微粒子の環境影響」領域代表、21世紀COE「環境調和型エネルギー」拠点リーダーなどを歴任。著書：『エネルギーと環境の疑問Q&A50』、『大気と微粒子の話』、『エアロゾルと大気環境影響』など。専門はエネルギー環境学、大気環境科学。趣味は囲碁。

鵜野公郎
1941 年、東京都生まれ。慶応義塾大学大学院経済学研究科博士課程修了、イリノイ大学大学院経済学研究科博士課程修了・経済学 Ph.D. 慶応義塾大学名誉教授、中部大学教授。著書：Asia-Pacific Environment, Keywords in Japanese, English, and Chinese, Fubaisha, 2010; Economy-Energy-Simulation: Beyond the Kyoto Protocol, Dordrecht, Kluwer Academic Publishers, 2002; Environmental Accounting in Theory and Practice, Dordrecht: Kluwer Academic Publlishrs, 1998 ほか。

小野桂之介
1940 年、東京都生まれ。慶應義塾大学大学院工学研究科博士課程（管理工学専攻）修了、工学博士。慶應義塾大学大学院経営管理研究科教授、同研究科委員長兼ビジネススクール校長を経て 2005 年より同大学名誉教授となり、中部大学経営情報学部長に就任。2008 年同大学学監、2010 年同大学副学長に就任、現在に至る。専門は、経営政策・生産政策。著書：『ミッション経営のすすめ』、『ミッション経営の時代』、『CSR 入門』、『経営戦略と企業革新』、『Strategic Management of Manufacturing Businesses』、『Japanese Automobile Industry』ほか。

伊藤康彦
1943 年、三重県生まれ。名古屋大学医学研究科博士課程修了、医学博士。中部大学生命健康科学部教授、学部長。インターフェロンの生体内産生機構とヒト型パラインフルエンザウイルスの全体像の解明を研究テーマにしている。著書：『生体防御の機構（食細胞とインターフェロン）』（東京大学出版会）、『Effects of Interferon on Cells, Viruses and Immune System』（Academic Press）、『武谷三男の生物学思想──獲得形質の遺伝と自然とヒトに対する驕り』を近日上梓の予定。

稲崎一郎
1941年、東京都生まれ。1969年、慶應義塾大学大学院工学研究科機械工学専攻博士課程修了、工学博士。1984年、慶應義塾大学理工学部 教授。1998年：米国カリフォルニア大学バークレイ校 客員教授。1999年、ドイツ ハノーバ大学名誉博士。2001年、慶應義塾大学理工学部長。2004年、国際生産加工アカデミー（ＣＩRP）会長。2005年、日本学術会議会員、Society of Manufacturing Engineers; F. W. Taylor Research Medal 受賞。2007年、慶應義塾大学名誉教授、中部大学教授。2009年、ドイツ工学アカデミー会員、専門は生産加工技術。著書：H. K. Toenshoff, I. Inasaki: Sensors in Manufacturing, Wiley VCH (2001) ほか。

野口 忠
1940年、千葉県生まれ。1963年、東京大学農学部農芸化学科卒。東京大学助手、岩手大学助教授、東京大学助教授、同教授を経て、2001年4月、中部大学応用生物学部教授、同学部長。2006年、中部大学中部高等学術研究所教授。2011年3月定年退職。東京大学名誉教授、中部大学名誉教授。日本農芸化学会終身会員、日本栄養・食糧学会名誉会員。受賞：日本農学賞、日本栄養・食糧学会功労賞など。専門：栄養生化学、分子栄養学。趣味：読書、音楽鑑賞など。

変容する現代の大学教育を考える　学問の再構築を目指して

2012 年 3 月 31 日　第 1 刷発行
（定価はカバーに表示してあります）

編　者　中部大学中部高等学術研究所

発行者　山口　章

発行所　名古屋市中区上前津 2-9-14　久野ビル
振替 00880-5-5616　電話 052-331-0008　風媒社
http://www.fubaisha.com/

乱丁本・落丁本はお取り替えいたします。　＊印刷・製本／モリモト印刷
ISBN978-4-8331-4097-3